AF166969

WALTER SCHMID

LUDWIG FEUERBACH

Die Religionskritik von
Ludwig Feuerbach |
Das Wesen des Christentums

Herausgeber:
Freidenkerinnen & Freidenker Ulm/Neu-Ulm e.V.
Postfach 1667, info@ulmer-freidenker.de
www.ulmer-freidenker.de

Satz und Gestaltung: Siegfried Späth, Ulm
siegfriedspaeth@t-online.de

Titelseite unter Verwendung eines Aquarells
von Walter Schmid

© 2023
Herstellung und Verlag:
BoD – Books on Demand Norderstedt.
ISBN: 9783734715839

Die Religionskritik von Ludwig Feuerbach
Vortrag in der Volkshochschule Ulm (20.4.2004)

Die Ausführungen gliedern sich wie folgt:
Zunächst wird versucht, das geistige Klima, in dem sich Ludwig Feuerbach bewegen mußte, zu charakterisieren. Dabei wird notwendigerweise auch die Philosophie Hegels eine gewisse Rolle spielen.

Danach erfolgt die Darstellung der wesentlichen Merkmale der Feuerbach'schen Religionskritik.

In einem dritten Abschnitt wird versucht werden, die Feuerbach'sche Religionskritik und die ihr zugrundeliegende Philosophie ihrerseits zu kritisieren, und zwar von marxistischer Warte aus. Es bietet sich an, als Grundlage dazu die bekannten 11 Thesen von Marx zu Feuerbach zu nehmen, wobei ich mich hierzu auf die Interpretation der Thesen durch Ernst Bloch beziehe.

1. Die Voraussetzungen

„In der gesellschaftlichen Produktion ihres Lebens gehen die Menschen bestimmte, notwendige, von ihrem Willen unabhängige Verhältnisse ein, Produktionsverhältnisse, die einer bestimmten Entwicklungsstufe ihrer materiellen Produktivkräfte entsprechen. Die Gesamtheit dieser Produkduktionsverhältnisse bildet die ökonomische Struktur der Gesellschaft, die reale Basis, worauf sich ein juristischer und politischer Überbau erhebt, und welcher bestimmte gesellschaftliche Bewußtseinsformen entsprechen. Die Produktionsweise des materiellen Lebens bedingt den sozialen, politischen und geistigen Lebensprozeß überhaupt. Es ist nicht das Bewußtsein der Menschen, das ihr Sein, sondern umgekehrt ihr gesellschaftliches Sein, das ihr Bewußtsein bestimmt."

Karl Marx: *Zur Kritik der politischen Ökonomie*, MEW 13, 8 f."

Ludwig Feuerbach wurde 1804 in eine Zeit hineingeboren, der man die Bezeichnung „Biedermeier" gegeben hat. Der Begriff „Biedermeier" assoziiert Idylle, eine vordergründige, fadenscheinige Idylle fürwahr, wie wir gleich sehen werden.

Von 1799 bis 1814 überzog Napoleon Europa mit Kriegen, was u. a. zu einer „politischen Flurbereinigung" im Flickenteppich Mitteleuropa führte. Im „Wiener Kongreß" 1814/15 sollten die europäischen Fürsten nach dem Sieg über Napoleon die politischen Verhältnisse in Europa neu ordnen. Die deutschen Fürsten widersetzten sich dem Gedanken, ein deutsches Kaiserreich zu gründen: sie wollten selbständig bleiben. So einigte man sich auf die Errichtung des „Deutschen Bundes", dessen Teilstaaten sich u. a. verpflichteten, ihren Ländern eine Verfassung zu geben. Aber die beiden Großmächte Österreich und Preußen hielten sich nicht an das Verfassungsversprechen. Als Antwort auf die Gründung der deutschen Burschenschaft in Jena am 12. Juni 1815 schlossen der Kaiser von Österreich, der Zar von Rußland und König Friedrich Wilhelm III. von Preußen die sogenannte „Heilige Allianz" gegen die revolutionären Bestrebungen, was u. a. bedeutete, daß in Preußen Zeitungen, Zeitschriften und Flugblätter nicht „ohne Vorwissen und Genehmigung der Landesbehörden zu Druck befördert werden" durften. Als am 23. März 1819 Staatsrat August Friedrich Ferdinand von Kotzebue vom Studenten Karl Ludwig Sand ermordet wurde, kam es zu den Karlsbader Beschlüssen: Errichtung einer Zentraluntersuchungskommission in Mainz, Verbot der Burschenschaften, Verfolgung der sogenannten „Demagogen", Überwachung der Presse und der Universitäten. Diese Beschlüsse wurden 1820 Bestandteil der Wiener Schlußakte und damit der Bundesverfassung.

Seit 1818 hatte Georg Friedrich Wilhelm Hegel als Nachfolger Johann Gottlieb Fichtes den Philosophielehrstuhl

in Berlin inne. 1821 erschien seine Rechtsphilosophie unter dem Doppeltitel „Grundlinien einer Philosophie des
Rechts" und „Naturrecht und Staatswissenschaft", deren Vorrede traurige Berühmtheit erlangen sollte. Rudolf
Haym, neben Karl Rosenkranz der zweite zeitgenössische
Hegelbiograph, nennt sie eine „wissenschaftlich formulierte Rechtfertigung des Karlsbader Polizeisystems und
der Demagogenverfolgung" und fährt dann fort:
„[G]eradezu [...] macht die Philosophie [Hegels] mit der
Polizei gemeinschaftliche Sache, und von Angriff und Anschuldigung schreitet sie zu persönlicher Denunciation
und zur Aufhetzung der öffentlichen Gewalten fort."[1]

Der berühmteste Satz aus der Vorrede, der Hegel verdächtig machte, preußischer Staatsphilosoph zu sein, lautet: „Was vernünftig ist, das ist wirklich, und was wirklich
ist, das ist vernünftig." Das reaktionäre politische System
Friedrich Wilhelm III. wird, da real, somit als vernünftig
erklärt, und Hegelbiograph Rudolf Haym merkt an: „Die
Gottesgnadentheorie und die Theorie von der oboedientia
absoluta ist unschuldig und gefahrlos im Vergleich mit der
furchtbaren Doctrin, welche *das Bestehende als Bestehendes
heilig spricht.*"[2] Bloch nennt den zweiten Teil des Satzes „reaktionär"[3.] Friedrich Engels hingegen sah das ganz anders.[4]

1824 kommt Ludwig Feuerbach nach Berlin, um bei Hegel zu studieren. Der Theologiestudent aus Heidelberg wechselt 1825 gegen den Willen des Vaters in die philosophische Fakultät, und damit beginnt, was er später einmal seinen „zweiten Gedanken" nennen sollte: „Gott war mein erster Gedanke, die Vernunft mein zweiter, der Mensch mein dritter und letzter Gedanke."[5] Mit „Gott war mein erster Gedanke" spielt Feuerbach auf sein Theologiestudium an, mit „der Mensch mein dritter und letzter Gedanke" auf seinen anthropologischen Materialismus.

Ab etwa den 1820er Jahren kann man davon sprechen, daß sich eine Hegelschule bildete, die sich nach Hegels Tod 1831 allmählich aufspaltete in Rechtshegelianer und Linkshegelianer. (Die Bezeichnungen stammen von David Friedrich Strauß, einem Zeitgenossen Feuerbachs.) Die Namen der Rechtshegelianer sind heute mehr oder weniger vergessen: Daub, Gabler, Göschel, von Henning, Hinrichs, Marheineke, die der Linkshegelianer sind (zumindest teilweise) bekannt: Bruno Bauer (der „heilige Bruno"), Ludwig Feuerbach, Karl Marx, Arnold Ruge, Max Stirner (der „heilige Max"), David Friedrich Strauß.

Zum Bruch kam es über die Frage, wie die christliche Religion zu deuten sei. Hegel hatte sie in der Philosophie „aufgehoben", und der Streit ging darum, was „Aufhebung" hier bedeuten solle: Bedeutet Aufhebung lediglich, daß Religion aufhört zu existieren, oder aber, daß sie in einem neuen Zustand aufbewahrt, erhalten bleibt, indem sie auf eine höhere Stufe hin"aufgehoben" wird. Der Rechtshegelianismus hielt den biblischen Bericht für vereinbar mit philosophischer Erkenntnis, der Linkshegelianismus nicht. Allerdings verblieben, außer Marx und Feuerbach, die Linkshegelianer in einer „inneridealistische[n] Kritik an Hegel"[6]. Bei Feuerbach mündete der Linkshegelianismus in eine fundamentale Religionskritik.

2. Die Religionskritik

Feuerbach betrachtet die Welt von einem sensualistischen Standpunkt aus, will sagen: er leitet alle Erkenntnis aus Sinneswahrnehmungen ab. So heißt es beispielsweise in der „Vorrede zur zweiten Auflage" von „Das Wesen des Christentums" aus dem Jahre 1843: „[I]ch brauche zum Denken die Sinne, vor allem die Augen, gründe meine Gedanken auf Materialien, die wir uns stets nur vermittelst der Sinnentätigkeit aneignen können, erzeuge nicht den

Gegenstand aus dem Gedanken, sondern umgekehrt den *Gedanken aus dem Gegenstande,* aber Gegenstand ist nur, was *außer dem Kopfe existiert.*" (19[7])

Von daher erklärt sich das methodische Vorgehen Feuerbachs in seiner Religionskritik, das er folgendermaßen beschreibt: „Ich tue daher der Religion - auch der spekulativen Philosophie oder Theologie - nichts weiter an, als daß ich ihr die *Augen öffne* oder vielmehr nur ihre *einwärts* gekehrten Augen auswärts richte, d. h. ich verwandle nur den Gegenstand in der Vorstellung oder Einbildung in den Gegenstand in der Wirklichkeit." (26, Vorrede zur zweiten Auflage)

Der erste Gegenstand in der Wirklichkeit, auf den der philosophierende Mensch trifft, ist der Mensch, und damit ist der wirkliche Ausgangspunkt allen Philosophierens nun nicht mehr Gott, sondern eben der Mensch (vgl. 146). Anders ausgedrückt: es geht um „kein abstraktes, nur gedachtes oder nur eingebildetes, sondern ein *wirkliches* oder vielmehr das allerwirklichste Wesen, das wahre Ens realissimum: *den Menschen.*" (21, Vorrede zur zweiten Auflage)

Damit ist gemeint: es geht um den wahren, den wirklichen, den ganzen, den konkreten, den sinnlichen und leiblichen Menschen, und zwar nicht als isoliertes Individuum, sondern um den Menschen in seiner Beziehung zu anderen Menschen, zum Gesamt der Menschen, zur menschlichen Gattung - es geht Feuerbach um den *allgemeinen Menschen*.

Feuerbach bestimmt Religion allgemein als das „*Verhalten des Menschen zu sich selbst*, oder richtiger: *zu seinem Wesen*, aber das Verhalten zu seinem Wesen *als zu einem andern Wesen*. Das *göttliche Wesen ist nichts andres als das* menschliche Wesen oder besser: *das Wesen des Menschen*, abgesondert von den Schranken des individuellen, d. h. wirklichen, leiblichen Menschen, vergegenständlicht, d. h. *angeschaut und verehrt als ein andres, von ihm unterschiednes, eignes Wesen* - alle *Bestimmungen* des göttlichen Wesens sind darum Bestimmungen des menschlichen Wesens." (54 f.)

„*[D]as Wesen des Menschen*, abgesondert von den Schranken des individuellen, d. h. wirklichen, leiblichen Menschen" – das ist nichts anderes als der allgemeine Mensch, der Mensch als Gattungswesen.

Die Religion beruht nun nach Feuerbach auf dem Unterschied zwischen Mensch und Tier. Der Mensch verfügt, anders als das Tier, über Bewußtsein. Bewußtsein heißt, daß der Mensch im Gegensatz zum instinktgesteuerten Tier anderes, andere Dinge und vor allem sich selbst, sein eigenes Wesen zum Gegenstand seiner Überlegungen machen kann. Doch Feuerbach geht noch weiter: „Das Wesen des Menschen im Unterschied vom Tiere ist nicht nur der Grund, sondern auch der Gegenstand der Religion. Aber die Religion ist das Bewußtsein des Unendlichen; sie ist also und kann nichts andres sein als das Bewußtsein des Menschen von *seinem*, und zwar nicht endlichen, beschränkten, sondern *unendlichen Wesen*." (38) Hintergrund dieser Aussage ist, daß Feuerbach dem „Bewußtsein [eine] wesentlich allumfassende[.], unendliche[.] Natur" (38 f.) zuschreibt. Und so kann er weiter argumentieren: „Das Bewußtsein des Unendlichen ist nichts andres als das Bewußtsein von der *Unendlichkeit des Bewußtseins*. Oder: im Bewußtsein des Unendlichen ist dem Bewußten die *Unendlichkeit des eignen Wesens Gegenstand*." (39) An anderer Stelle formuliert Feuerbach: „Denkst du [...] das Unendliche, so denkst und bestätigst du die *Unendlichkeit des Denkvermögens*; fühlst du das Unendliche, so fühlst und bestätigst du die *Unendlichkeit des Gefühlsvermögens*." (47)

„Die Religion ist das Bewußtsein des Unendlichen" bedeutet, daß Religion ihren Grund im Wesen des Menschen hat, welches ja durch die Unendlichkeit des Bewußtseins bestimmt ist. Die Wahrheit der Religion liegt darin, daß sie das Verhalten des Menschen zu seinem unendlichen Wesen ist (vgl. 548), ihre Unwahrheit, daß der Mensch sein unendliches Wesen verselbständigt, zu einem ihm verschiedenen, entgegengesetzten Wesen gemacht hat (vgl. ebd.). Dies bewirkt die Entzweiung von Gott und Mensch und damit die Entfremdung des Menschen: Der Mensch setzt sein eigenes, unendliches Wesen als etwas von ihm Getrenntes, als eine selbständige Gestalt außer sich. Er projiziert es als selbständige Gestalt an den Himmel, nennt es Gott und betet es an. Der Gottesbegriff ist also nichts anderes als eine Projektion des Menschen: „Das *absolute Wesen*, der Gott des Menschen ist *sein eignes Wesen*. Die Macht des *Gegenstandes* über ihn ist daher die *Macht seines eignen Wesens*." (43) Dieser Selbstbezug innerhalb der religiösen Sphäre wird dem Menschen aber nicht direkt bewußt. Feuerbach schreibt: „Der Mensch - dies ist das Geheimnis der Religion - vergegenständlicht sein Wesen und macht dann wieder sich zum *Gegenstand* dieses vergegenständlichten, in ein Subjekt, eine Person verwandelten Wesens; er denkt sich, ist sich Gegenstand, aber als Gegenstand eines Gegensich, ist sich Gegenstand, aber als *Gegenstand eines Gegenstands, eines andern Wesens.*" (76)

Gotteserkenntnis ist also ein „gewaltiges Schein-Werfen" (Küng): Hinter Gott ist in Wirklichkeit nichts, er erscheint als Projektion, als personifiziertes Spiegelbild des Menschen. Das allgemein Menschliche wird ins Jenseits projiziert und erscheint als Göttliches. *„Homo homini Deus est"*, formuliert Feuerbach (401) – der Mensch ist der Gott für den Menschen, oder in anderer Übersetzung: der Mensch ist der Gott des Menschen.

Damit erweist sich der theistische Gott, und damit u. a. der Gott des Christentums, als personifiziertes Menschenwesen, als verselbständigter Gattungsbegriff des Menschen: Der Mensch „schaut sein Wesen außer sich und dieses Wesen als das Gute an" (77). Gott ist das „entäußerte[.] Selbst" (78) des Menschen. Nach biblischem Verständnis schuf Gott den Menschen nach seinem Bild – nach Feuerbach schuf der Mensch Gott nach seinem Bild. Dazu Feuerbach: *„Erst schafft der Mensch ohne Wissen und Willen Gott nach seinem Bilde*, und dann erst schafft wieder dieser Gott mit *Wissen und Willen* den Menschen nach seinem Bilde." (192) Oder an anderer Stelle: „Gott wird von uns gedacht, gewußt." (340) Oder: „Die Persönlichkeit Gottes ist selbst nichts anderes als die *entäußerte, vergegenständlichte Persönlichkeit des Menschen.*" (192)

Diese Konzeption beinhaltet, daß die Unterschiede zwischen den Religionen und den dazugehörigen Göttern anthropologisch begründet sind. Zudem gehört die Religion dem kindlichen Stadium der Menschheit an, da sie, ebenso wie das Kind, ihr Wesen zuerst außer sich verlegt, ehe es in sich selbst gefunden wird: „Die Religion ist das kindliche Wesen der Menschheit; aber das Kind sieht sein Wesen, den Menschen außer sich - als Kind ist der Mensch sich als ein andrer Mensch Gegenstand." (53) Deswegen, so folgert Feuerbach, „[besteht] der geschichtliche Fortgang in den Religionen [...] darin, daß das, was der frühern Religion für etwas Objektives galt, jetzt als etwas Subjektives, d. h. was als Gott angeschaut und angebetet wurde, jetzt als etwas *Menschliches* erkannt wird." (53)

Auch die Inhalte der (christlichen) Religion versucht Feuerbach anthropologisch zu erklären.

● Wenn man von Gott als von einem absoluten Geist spricht, so bejaht man damit lediglich den Verstand des

Menschen: „Gott als *metaphysisches Wesen* ist die *in sich selbst befriedigte Intelligenz* [...] Alle metaphysischen Bestimmungen Gottes sind daher nur wirkliche Bestimmungen, wenn sie als Denkbestimmungen, als Bestimmungen der Intelligenz, des Verstandes erkannt werden." (85) Gott erscheint hier also als Projektion des menschlichen Verstandes.

● Wer versucht, mit Vernunft an Gott zu glauben, der kann nur an einen Gott glauben, der mit dem Wesen der Vernunft übereinstimmt, „an einen Gott, der *nicht unter ihrer eignen Würde ist*, der vielmehr *nur ihr eignes Wesen darstellt* - d. h., die Vernunft glaubt nur *an sich, an die Realität, die Wahrheit ihres eignen Wesens.*" (86)

● Gott wird in der christlichen Religion als moralisch vollkommen betrachtet. Dazu Feuerbach: „*Gott als moralisch vollkommnes Wesen* ist aber nichts andres als die *realisierte Idee,* das *personifizierte Gesetz der Moralität,* das *als absolutes Wesen gesetzte moralische Wesen des Menschen* - des Menschen *eignes Wesen*" (97). Gott erscheint hier also als Projektion des menschichen Willens.

● 'Gott ist die Liebe' bedeutet: „Die Liebe ist Gott selbst und außer ihr ist kein Gott." (99) Feuerbach beantwortet seine Frage: „Was liebe ich also *in* und *an* Gott?" selbst mit: „Die *Liebe,* und zwar die *Liebe zum Menschen.*" (112 f.) Gott ist hier also Projektion des menschlichen Herzens.

● Nach der christlichen Lehre hat sich Gott sich selbst entäußert und ist Mensch geworden in seinem Sohn Jesus. Das Geheimnis dieser Fleischwerdung, dieser Inkarnation, ist „die Anschauung Gottes als eines selbst *menschlichen Wesens* [...] Die Inkarnation ist nichts andres, als die tatsächliche, sinnliche Erscheinung von der *menschlichen Natur Gottes.*" (102)

● Nach christlichem Verständnis ist Gott ein trinitarisches Wesen: Gott Vater, Gott Sohn und Gott heiliger Geist. Dem ist so, weil „[n]ur ein Wesen, welches den ganzen Menschen in sich trägt, [...] auch den ganzen Menschen befriedigen kann. Das Bewußtsein des Menschen von sich in seiner Totalität ist das Bewußtsein der Trinität." (122) Konkreter ausgedrückt: „Gott der Vater ist *Ich*, Gott der Sohn *Du. Ich* ist *Verstand, Du Liebe; Liebe* aber *mit Verstand* und *Verstand mit Liebe* ist erst Geist, ist erst der *ganze* Mensch." (125) Etwas prosaischer ausgedrückt bedeutet dies, Trinität ist Bewußtsein des Menschen als Ich, als Du und als Wir.

● Gott hat nach christlichem Verständnis die Menschen durch das Leiden und den Tod seines Sohnes erlöst. Worin besteht nun „[d]as Geheimnis des leidenden Gottes" (115)? Gott leidet heißt für Feuerbach: *„Leiden für andere ist göttlich*; wer für andere leidet, seine Seele läßt, handelt göttlich, ist den Menschen Gott." (116)

● Menschen beten zu Gott, sprechen mit ihm, sprechen ihn per Du an und äußern ihre Wünsche. Im Du erklärt der Mensch Gott zu seinem anderen Ich, und das Wesen, das die Wünsche des Menschen erfüllt bzw. erfüllen soll, ist nichts anderes, „als das sich selbst Gehör gebende, *sich selbst genehmigende,* sich ohne Einund Widerrede bejahende *menschliche Gemüt"* (199).

● Der christliche Glaube verspricht Unsterblichkeit, Glück und Seligkeit, das, was der Mensch sich wünscht. Das heißt nichts anderes, als daß die dogmatischen Grundversprechungen des Christentums erfüllte „innere Herzenswünsche" (197) des Menschen sind. Feuerbach: „[D]as Jenseits ist nichts weiter als die Wirklichkeit einer bekannten Idee, die Befriedigung eines bewußten Verlangens, die Erfüllung eines Wunsches: es ist nur die Beseitigung der Schranken, die hier der Wirklichkeit der Idee im Wege stehen." (275) Und: „Wie Gott nichts andres ist als das Wesen des Menschen, gereinigt von dem, was dem menschlichen Individuum, sei es nun im Gefühl oder Denken, als Schranke, als Übel erscheint: so ist das Jenseits nichts andres als das Diesseits, befreit von dem, was als Schranke, als Übel erscheint." (279) Die von der Bibel geschilderte Auferstehung

Jesu läßt sich demgemäß als das befriedigte Verlangen des Menschen nach Unsterblichkeit verstehen.

Feuerbach faßt zusammen: „*[D]er Glaube an Gott* [ist] daher der *Glaube des Menschen an die Unendlichkeit und Wahrheit seines eignen Wesens* - das göttliche Wesen das menschliche, und zwar subjektiv menschliche Wesen in seiner absoluten Freiheit und Unbeschränktheit." (283) Feuerbach kommt damit zu der Auffassung, er habe seine Aufgabe erfüllt: „Unsere wesentlichste Aufgabe ist hiermit erfüllt. Wir haben das außerweltliche, übernatürliche und übermenschliche Wesen Gottes reduziert auf die Bestandteile des menschlichen Wesens als seine Grundbestandteile. Wir sind im Schlusse wieder auf den Anfang zurückgekommen. Der Mensch ist der Anfang der Religion, der Mensch der Mittelpunkt der Religion, der Mensch das Ende der Religion." (283) Das ist Atheismus pur, und Feuerbach formuliert es auch: „der Atheismus [...] [ist] das Geheimnis der Religion" (22). Atheismus ist, vom Wort her betrachtet, Negation, Verneinung, aber Feuerbach verneint lediglich, um zu bejahen. Der Feuerbach'sche Atheismus ist wahrer Humanismus. Es wird nicht einfach Gott als Scheinwesen der Religion geleugnet, sondern das wirkliche Wesen des Menschen und damit das wahre Wesen der Religion soll bejaht werden. Es soll deutlich werden, „daß den übernatürlichen Mysterien der Religion ganz einfache, natürliche Wahheiten zugrunde liegen" [8].

Der Feuerbach'sche Atheismus bedeutet auch keineswegs Aufhebung von Moral oder Aufhebung des Unterschiedes von Gut und Böse. Moral hat ihre Begründung in sich selbst, und wird sie christlich verbrämt, dann kann das lediglich dazu führen, auch Unmoralisches im Namen Gottes zu tun. Feuerbach formuliert: „Hat die Moral keinen Grund in sich selbst, so gibt es auch keine innere Notwendigkeit zur Moral; die Moral ist dann der bodenlosen Willkür der Religion preisgegeben." (WC 406)

Stellt sich noch die Frage, was Feuerbach eigentlich erreichen will mit seinen Vorlesungen und Schriften, durch die er, so Alfred Ruge 1842, „an Straußens Stelle die Vogelscheuche der Christen" geworden ist bzw. durch welche er es „mit Gott und Welt verdorben" hat, wie er selbst formuliert (13, Vorrede zur zweiten Auflage).

Feuerbach sagt selbst: „Der Zweck meiner Schriften, so auch meiner Vorlesungen, ist: die Menschen aus Theologen zu Anthropologen, aus Theophilen zu Philanthropen, aus Kandidaten des Jenseits zu Studenten des Diesseits, aus religiösen und politischen Kammerdienern der himmlischen und irdischen Monarchie und Aristokratie zu freien, selbstbewußten Bürgern der Erde zu machen."[9]

Und wie wurde Feuerbach zu seiner Zeit aufgenommen? Eine Abordnung des „Heidelberger Arbeiter-Bildungs-Vereins z. B. richtete am Schluß einer Vorlesung eine öffentliche Dankadresse an ihn, die folgendermaßen endete: „Wir sind keine Gelehrte und wissen daher den wissenschaftlichen Wert Ihrer Vorlesungen nicht zu würdigen; soviel aber fühlen und erkennen wir, daß der Trug der Pfaffen und des Glaubens, gegen den Sie ankämpfen, die letzte Grundlage des jetzigen Systems der Unterdrückung und der Nichtwürdigkeit ist, unter welchem wir leiden; und daß Ihre Lehre daher, die an die Stelle des Glaubens die Liebe, an die Stelle der Religion die Bildung, an die Stelle der Pfaffen die Lehre setzt, einzig die sichere Grundlage derjenigen Zukunft sein kann, die wir anstreben".[10]

Wie nahmen die Linkshegelianer, wie nahmen Marx und Engels die Gedanken von Feuerbach auf? Da gibt es eine berühmte Stelle in Engels' „Ludwig Feuerbach und der Ausgang der klassischen deutschen Philosophie"[11], welche lautet: „Da kam Feuerbachs ‚Wesen des Christenthums'.

Mit *einem* Schlag zerstäubte es den Widerspruch, indem es den Materialismus ohne Umschweife wieder auf den Thron erhob. Die Natur existiert unabhängig von aller Philosophie; sie ist die Grundlage, auf der wir Menschen, selbst Naturprodukte, erwachsen sind; außer der Natur und den Menschen existiert nichts, und die höhern Wesen, die unsere religiöse Phantasie erschuf, sind nur die phantastische Rückspiegelung unseres eignen Wesens. Der Bann war gebrochen; das ‚System' war gesprengt und beiseite geworfen, der Widerspruch war, als nur in der Einbildung vorhanden, aufgelöst. - Man muß die befreiende Wirkung dieses Buchs selbst erlebt haben, um sich eine Vorstellung davon zu machen. Die Begeisterung war allgemein: Wir waren alle momentan Feuerbachianer. Wie enthusiastisch Marx die neue Auffassung begrüßte und wie sehr er - trotz aller kritischen Vorbehalte - von ihr beeinflußt wurde, kann man in der „Heiligen Familie" lesen.

Selbst die Fehler des Buches trugen zu seiner augenblicklichen Wirkung bei. [...]

Die Hegelsche Schule war aufgelöst, aber die Hegelsche Philosophie war nicht kritisch überwunden. [...] Feuerbach durchbrach das System und warf es einfach beiseite."

3. Die Kritik an Feuerbach

Diese überschwenglichen Worte von Engels beziehen sich auf die Zeit des Erscheinens der ersten Auflage des „Wesen des Christentums" im Jahre 1841. Bereits drei Jahre später, 1844, zwischen dem Erscheinen der zweiten und dritten Auflage des Werkes, schrieb Engels an Marx (19.11.1844): „St[irner] hat recht, wenn er ‚den Menschen' Feuerbachs, wenigstens des Wesens des Christentums verwirft; der F[euerbach]sche ‚Mensch' ist von Gott abgeleitet, F[euerbach] ist von Gott auf den ‚Menschen' gekommen, und so ist ‚der Mensch' allerdings noch mit einem theologischen Heiligenschein der Abstraktion bekränzt. Der wahre Weg, zum ‚Menschen' zu kommen, ist der umgekehrte. Wir müssen vom Ich, vom empirischen, leibhaftigen Individuum ausgehen, um nicht, wie Stirner, drin stecken zu bleiben, sondern uns von da aus zu ‚dem Menschen' zu erheben. ‚Der Mensch' ist immer eine Spukgestalt, solange er nicht an dem empirischen Menschen seine Basis hat. Kurz, wir müssen vom Empirismus und Materialismus ausgehen, wenn unsre Gedanken und namentlich unser ‚Mensch' etwas Wahres sein sollen; wir müssen das Allgemeine vom Einzelnen ableiten, nicht aus sich selbst oder aus der Luft à la Hegel."[12]

„'Der Mensch' ist immer eine Spukgestalt, solange er nicht an dem empirischen Menschen seine Basis hat." Diese Aussage Engels' geht schon in die Richtung, in welche Marx im Jahr 1845 dachte, als er in seiner sechsten These zu Feuerbach formulierte: „In seiner Wirklichkeit ist es [das menschliche Wesen] das ensemble der gesellschaftlichen Verhältnisse."[13] „Statt des Feuerbach'schen Gattungsmenschen, mit seiner gleichbleibenden abstrakten Natürlichkeit, erschien nun [bei Marx] deutlich ein historisch wechselndes Ensemble gesellschaftlicher Verhältnisse und vor allem: ein klassenmäßig antagonistisches"[14], schreibt dazu Bloch.

Die elf Thesen stellen, so ebenfalls Ernst Bloch, Karl Marx' „formulierten Abschied von Feuerbach dar, zusammen mit einem höchst originellen Erbantritt."[15] D. h., der Abschied ist kein völliger Bruch, und es lassen sich Beziehungen zu Feuerbach in weiten Teilen des Marx'schen Werkes aufzeigen. So betont Marx Feuerbachs „großen Vorzug vor den ‚reinen' Materialisten, daß er einsieht, wie auch der Mensch ‚sinnlicher Gegenstand' ist; aber abgesehen davon, daß er ihn nur als ‚sinnlichen Gegenstand', nicht als ‚sinnliche Tätigkeit' faßt, da er sich auch hierbei in der Theorie hält, die Menschen nicht in ihrem gegebenen gesellschaftlichen

Zusammenhange, nicht unter ihren vorliegenden Lebens-
bedingungen, die sie zu Dem gemacht haben, was sie sind,
auffaßt, so kommt er nie zu den wirklich existierenden, tätigen Menschen, sondern bleibt bei dem Abstraktum ‚der
Mensch' stehen und bringt es nur dahin, den ‚wirklichen,
individuellen, leibhaftigen Menschen' in der Empfindung
anzuerkennen, d. h., er kennt keine andern ‚menschlichen
Verhältnisse' ‚des Menschen zum Menschen', als Liebe und
Freundschaft, und zwar idealisiert.“[16]

Marx' „Anerkennung sagt: ohne den Menschen als ebenfalls ‚sinnlichen Gegenstand' wäre Menschliches als Wurzel
aller gesellschaftlichen Dinge sehr viel schwerer materia-
listisch herausgearbeitet worden. Feuerbachs anthropologischer Materialismus bezeichnet so den erleichtert möglichen Übergang vom bloß mechanischen Materialismus
zum historischen. Die Kritik sagt: ohne Konkretisierung
des Menschlichen zu wirklich existierenden, vor allem gesellschaftlich tätigen Menschen, mit wirklichen Verhältnis-
sen zueinander und zur Natur, wären Materialismus und
Geschichte eben dauernd auseinandergefallen, trotz aller
‚Anthropologie'.“

Nun zu den Thesen von Marx zu Feuerbach, in denen sich
Anerkennung der Feuerbach'schen Philosophie und Kritik
daran mischen. (Grundlage ist dabei der Aufsatz von Ernst
Bloch: *Keim und Grundlinie. Zu den Elf Thesen von Marx
über Feuerbach.*[18])

In den Thesen 5, 1 und 3 anerkennt Marx bei Feuerbach,
„daß nur vom Sinnlichen auszugehen ist. Die Anschauung,
nicht der von ihr nur abgezogene Begriff ist und bleibt der
Anfang, an dem jedes materialistische Erkennen sich aus-
weist."[19] Aber: bloßes Anschauen „faßt die sinnliche Tätigkeit nicht als praktische menschlich-sinnliche Tätigkeit."[20]
D. h., der Faktor menschliche Arbeit muß an die Stelle der
untätigen Betrachtung treten, worin aller bisherige Materialismus, einschließlich des Feuerbachschen, verharrte.
Feuerbach hatte sich in „Das Wesen des Christentums"
dagegen ausgesprochen; dort heißt es: „Die praktische Anschauung ist eine schmutzige, vom Egoismus befleckte Anschauung [...] Die theoretische Anschauung dagegen ist eine
freudenvolle, in sich befriedigte, selige Anschauung" (299).

These 3 wendet sich gegen die „angeblich tätigkeitsfremde[.]
Anschauung, die die ‚Umstände' nur als das sieht, was um
die Menschen herumsteht."[21] Diese tätigkeitsfremde An-

schauung benutzt einen materialistischen Begriff, nämlich den vom Primat des Seins vor dem Bewußtsein („Es ist nicht das Bewußtsein der Menschen, das ihr Sein, sondern umgekehrt ihr gesellschaftliches Sein, das ihr Bewußtsein bestimmt."[22]) Dieses Primat äußert sich erkenntnistheoretisch als die unabhängig vom menschlichen Bewußtsein existierende Außenwelt und geschichtlich als Priorität der materiellen Basis vor dem Geist. Aber: „Unabhängigkeit des Seins vom Bewußtsein ist im Bereich der normalen menschlichen Umgebung keineswegs das Gleiche wie Unabhängigkeit des Seins von menschlicher Arbeit."[23] Es ist zwar in der Tat so, daß das Sein das Bewußtsein bestimmt, aber: Gerade „das historisch entscheidende Sein, nämlich das ökonomische, [enthält] außerordentlich viel objektives Bewußtsein [...] Die menschliche Produktionsweise, der im Arbeitsprozeß geschehende und regulierte Stoffwechsel mit der Natur, gar die Produktionsverhältnisse als Basis, all das hat aber einleuchtenderweise selber Bewußtsein in sich; ebenso wird die materielle Basis in jeder Gesellschaft vom Bewußtseins-Überbau wieder aktiviert."[24] Marx gibt also „dem menschlichen Bewußtsein den reellsten Platz in den ‚Umständen', also in der von ihm mitgebildeten Außenwelt."[25]

In den Thesen 4, 6, 7, 9 und 10 anerkennt Marx bei Feuerbach, „daß von der Entfremdung auszugehen ist. These 4 gibt das Thema an: Feuerbach entschleierte die Selbstentfremdung in ihrer religiösen Gestalt. Seine Arbeit bestand also darin, ‚die religiöse Welt in ihre weltliche Grundlage aufzulösen. Aber‘, fährt Marx fort, ‚er übersieht, daß nach Vollbringung dieser Arbeit die Hauptsache noch zu tun bleibt.“[26]

Marx macht im Gegensatz zu Feuerbach nicht Halt beim „Abstrakt-Genus Mensch, dem klassenmäßig-geschichtlich ganz ungegliederten“[27]. Feuerbach hat zwar sein Abstrakt-Genus Mensch empirisch lokalisiert, doch nur so, „daß er es dem einzelnen Individuum innewohnen läßt, gesellschaftsfrei, ohne Sozialgeschichte.“[28] Darum betont eben These 6, wie oben schon erwähnt, daß „das menschliche Wesen [...] kein dem einzelnen Individuum innewohnendes Abstraktum [ist]. In seiner Wirklichkeit ist es das ensemble der gesellschaftlichen Verhältnisse.“

Marx führt also vom „generell-idealen Menschen, über bloßen Individuen, auf den Boden der wirklichen Menschheit und möglichen Menschlichkeit.“[29] Dazu mußte er die Vorgänge analysieren, die der Entfremdung tatsächlich zugrundeliegen. Mit Feuerbach stimmt Marx darin überein, daß die Menschen ihre Welt verdoppeln, weil sie ein zerrissenes Bewußtsein haben, aus dem Wunschbilder entspringen. Aber das ist nicht die ganze Wahrheit. Dieses Bewußtsein, inklusive seinem religiösen Widerschein, entspringt nämlich einer gesellschaftlichen Entzweiung: „Die Wünsche setzen Bedürfnisse voraus, die gesellschaftlich nicht gestillt werden."[30] Konsequenterweise verlangt also die Kritik der Religion, um die Dinge an der Wurzel zu fassen, um also wahrhaft radikal zu sein, die Kritik der Verhältnisse, die dem Himmel zugrundeliegen, „ihres Elends, ihrer Widersprüche und ihrer falschen, imaginären Lösung der Widersprüche."[31] Marx hat das bereits 1844 in der „Einleitung zur Kritik der Hegelschen Rechtsphilosophie" so formuliert: „Die Kritik der Religion endet [...] mit dem kategorischen Imperativ, alle Verhältnisse umzuwerfen, in denen der Mensch ein erniedrigtes, ein geknechtetes, ein verlassenes, ein verächtliches Wesen ist"[32].

Dies ist implizit eine Kritik an der unhistorischen und undialektischen Philosophie Feuerbachs, bei dem, wie Marx und Engels in der „Deutschen Ideologie" sagen, „Materialismus und Geschichte ganz auseinander[fallen]"[33]. Noch deutlicher formulieren dies die beiden an anderer Stelle in der „Deutschen Ideologie": „Soweit Feuerbach Materialist

ist, kommt die Geschichte bei ihm nicht vor, und soweit er die Geschichte in Betracht zieht, ist er kein Materialist."[34] So regiert bei ihm, wie These 9 sagt, „die Anschauung der einzelnen Individuen und der bürgerlichen
Gesellschaft." (Bei Engels heißt es „die Anschauung der
einzelnen Individuen in der ‚bürgerlichen Gesellschaft'.")

Gleichzeitig macht sich, wie Bloch betont, bei Feuerbach „die *kritisierte Religion* bedeutend. Das in der Weise, daß Feuerbach nicht eigentlich die religiösen Inhalte
kritisiert, sondern wesentlich nur deren Verlegung in ein
Jenseits und damit die Schwächung des Menschen und
seines Diesseits."[35] Feuerbach „läßt [...] fast sämtliche At-
tribute des Vatergottes übrig, sozusagen als Tugenden an
sich, und nur der Himmelsgott ist von ihnen gestrichen.
Statt: Gott ist barmherzig, ist die Liebe, ist allmächtig, tut
Wunder, erhört Gebete; muß es dann einzig heißen: die
Barmherzigkeit, die Liebe, die Allmacht, das Wundertun,
das Gebeterhören sind göttlich. Wonach also der gesamte
theologische Apparat erhalten bleibt, er ist nur aus dem
himmlischen Ort in eine gewisse Abstrakt-Gegend um-
gezogen, mit verdinglichten Tugenden der ‚Naturbasis'."[36]

Einige der Stellen, auf die sich Bloch bezieht, lauten:

● „Was nämlich in der Religion *Prädikat* ist, das dürfen wir […] zum *Subjekt*, was in ihr Subjekt, zum Prädikat machen, also die Orakelsprüche der Religion *umkehren*, gleichsam als contre-vérités auffassen - so haben wir das Wahre. Gott leidet - Leiden ist Prädikat - aber für die Menschen, für andere, nicht für sich. Was heißt das auf Deutsch? Nichts andres als: *Leiden für andere ist göttlich*; wer für andere leidet, seine Seele läßt, handelt göttlich, ist den Menschen Gott." (116)
● „Nicht die Eigenschaft der Gottheit, sondern die *Göttlichkeit oder Gottheit der Eigenschaft* ist das erste wahre göttliche Wesen. Also das, was der Theologie und Philosophie bisher für Gott, für das Absolute, Wesenhafte galt, das ist *nicht* Gott; das aber, was ihr nicht für Gott galt, das gerade ist Gott - d. i. die *Eigenschaft*, die *Qualität*, die *Bestimmtheit*, die *Wirklichkeit überhaupt*. Ein wahrer Atheist, d. h. ein Atheist im gewöhnlichen Sinne, ist daher auch nur der, welchem die Prädikate des göttlichen Wesens, wie z. B. die Liebe, die Weisheit, die Gerechtigkeit nichts sind, aber nicht der, welchem nur das Subjekt dieser Prädikate nichts ist. Und keineswegs ist die Verneinung des Subjekts auch notwendig zugleich die Verneinung der Prädikate an sich selbst. Die Prädikate haben eine *eigne, selbständige*

Bedeutung; sie dringen durch ihren Inhalt dem Menschen ihre Anerkennung auf; sie erweisen sich ihm unmittelbar durch sich selbst als wahr; sie betätigen, bezeugen sich selbst. Güte, Gerechtigkeit, Weisheit sind dadurch keine Chimären, daß die Existenz Gottes eine Chimäre, noch dadurch Wahrheiten, daß diese eine Wahrheit ist. Der Begriff Gottes ist abhängig vom Begriffe der Gerechtigkeit, der Güte, der Weisheit - ein Gott, der *nicht* gütig, *nicht* gerecht, nicht weise, ist *kein* Gott - aber nicht umgekehrt. Eine Qualität ist *nicht dadurch göttlich, daß sie* Gott hat, sondern *Gott hat sie,* weil sie an und für sich selbst göttlich ist, weil Gott *ohne sie ein mangelhaftes Wesen* ist. Die Gerechtigkeit, die Weisheit, überhaupt jede Bestimmung, welche die Gottheit Gottes ausmacht, wird *durch sich selbst* bestimmt und erkannt, Gott aber *durch die Bestimmung*, die Qualität; nur in dem Falle, daß ich Gott und die Gerechtigkeit als dasselbe, Gott unmittelbar als *die Wirklichkeit der Idee der Gerechtigkeit* oder irgendeiner andern Qualität denke, bestimme ich Gott durch sich selbst. Wenn aber Gott als Subjekt das *Bestimmte*, die Qualität, das Prädikat aber das *Bestimmende* ist, so gebührt ja in Wahrheit dem Prädikat, nicht dem Subjekt der Rang des *ersten* Wesens, der Rang der Gottheit." (64 f.)

„*Wahres* Wesen ist denkendes, liebendes, wollendes Wesen. Wahr, vollkommen, göttlich ist nur, was um *sein selbst willen* ist. Aber so ist die Liebe, so die Vernunft, so der Wille. Die göttliche Dreieinigkeit *im* Menschen über dem individuellen Menschen ist die Einheit von Vernunft, Liebe, Wille. Vernunft (Einbildungskraft, Phantasie, Vorstellung, Meinung), Wille, Liebe oder Herz sind keine Kräfte, welche der Mensch hat - denn er ist nichts ohne sie, er ist, was er ist, nur durch sie -, sie sind als die sein Wesen, welches er weder *hat* noch *macht*, begründenden Elemente, die ihn *beseelenden, bestimmenden, beherrschenden Mächte - göttliche, absolute Mächte*, denen er keinen Widerstand entgegensetzen kann.“ (39 f.)

● „Jedes Wesen ist [...] *in sich* und *für sich* unendlich, hat seinen Gott, sein höchstes Wesen *in sich selbst*.“ (45 f.)

● „[D]as Gefühl ist das *Nobelste, Trefflichste, d. h. Göttliche* im Menschen. Wie könntest du das Göttliche vernehmen durch das Gefühl, wenn das Gefühl nicht selbst göttlicher Natur wäre?“ (48)

● „Die Liebe kennt kein Gesetz als sich selbst; sie ist göttlich *durch sich selbst*.“ (393)

Bloch spricht bezügliche dieser und ähnlicher Zitate von einer „Art freireligiöse[r] Pektoral-Theologie“ Feuerbachs und von dessen „Sonntags-Bruder-Empfindsamkeit".[37] In diesem Zusammenhang weist Bloch auch auf ein Zitat aus den Feuerbach'schen „Grundsätzen der Philosophie der Zukunft" hin: „Die neue Philosophie ist in Beziehung auf ihre Basis selbst nichts andres als das zum *Bewußtsein erhobene Wesen der Empfindung* - sie *bejaht* nur *in und mit der Vernunft,* was *jeder Mensch* - der wirkliche Mensch - *im Herzen bekennt.*"[38] Nicht sehr respektvoll tituliert dies Bloch als „Feuerbachs Bergpredigt-Karikatur" und als „Tat-Ersatz aus der Vergangenheit, aus einer spießbürgerlichen, pfäffischen, ja, wie oft, tartüffehaft-sabotierenden."[39]

Die bekannte elfte These von Marx zu Feuerbach: „Die Philosophen haben die Welt nur verschieden *interpretiert,* es kömmt drauf an, sie zu *verändern.*" bezeichnet Bloch als „*Das Losungswort*"[40]: „Anerkannt wird hier, daß das Zukünftige am wichtigsten sei." Soweit stimmt Marx mit Feuerbach überein, „[d]och eben nicht in der Weise Feuerbachs, die nicht auf die Schiffe geht"[41], will heißen dem Novum einer besseren Welt, dem, was Bloch „Heimat" nennt, entgegen.

Zu dieser These, in die bekanntlicherweise Engels ein „aber" eingefügt hat, mit Bloch nur so viel: „[D]en bisherigen Philosophen wird zum Vorwurf gemacht oder besser:

es wird an ihnen als Klassenschranke kenntlich gemacht, daß sie die Welt nur verschieden *interpretiert* haben, nicht etwa, daß sie – philosophiert haben."[42] D. h. in These 11 wird keineswegs Veränderung ohne vorherige Überlegung des Weges wohin proklamiert. „Das schlechthin Neue in der marxistischen Philosophie besteht in der radikalen Veränderung ihrer Grundlage, in ihrem proletarisch-revolutionären Auftrag; aber das schlechthin Neue besteht nicht darin, daß die einzige zur konkreten Weltveränderung fähige und bestimmte Philosophie keine - Philosophie mehr wäre. Weil sie das ist wie nie, daher gerade der Triumph der Erkenntnis im zweiten Satzteil der These 11, die *Veränderung* der Welt betreffend; Marxismus wäre gar keine Veränderung im wahren Sinn, wenn er vor und in ihr kein theoretisch-praktisches Prius der *wahren Philosophie* wäre. [...] Philosophische Veränderung ist derart eine nach Maßgabe der analysierten Lage, der dialektischen Tendenz, der objektiven Gesetze, der realen Möglichkeit."[43]

Bei aller Kritik an Feuerbach, die Marx übt, übernimmt er doch die Grundgedanken von dessen Religionskritik in seine Philosophie, d. h. er formuliert keine völlig neue Religionskritik, sondern modifiziert die vorliegende. Und so kann er formulieren – und hier meint man tatsächlich, Feuerbach sprechen zu hören, allerdings mit den Marx'schen Einwänden aus seinen Thesen:

„Für Deutschland ist die *Kritik der Religion* im wesentlichen beendigt, und die Kritik der Religion ist die Voraussetzung aller Kritik. [...]

Das Fundament der irreligiösen Kritik ist: Der *Mensch macht die Religion*, die Religion macht nicht den Menschen. Und zwar ist die Religion das Selbstbewußtsein und das Selbstgefühl des Menschen, der sich selbst entweder noch nicht erworben oder schon wieder verloren hat. Aber der Mensch, das ist kein abstraktes, außer der Welt hockendes Wesen. Der Mensch, das ist *die Welt des Menschen*, Staat, Sozietät. Dieser Staat, diese Sozietät produzieren die Religion, ein *verkehrtes Weltbewußtsein*, weil sie eine *verkehrte Welt* sind. Die Religion [...] ist die *phantastische Verwirklichung* des menschlichen Wesens, weil das *menschliche Wesen* keine wahre Wirklichkeit besitzt. Der Kampf gegen die Religion ist also mittelbar der Kampf gegen *jene Welt,* deren geistiges Aroma die Religion ist.

Das *religiöse* Elend ist in einem der Ausdruck des wirklichen Elendes und in ei- nem die *Protestation* gegen das wirkliche Elend. Die Religion ist der Seufzer der bedrängten Kreatur, das Gemüt einer herzlosen Welt, wie sie der Geist geistloser Zustände ist. Sie ist das *Opium des Volks*.

Die Aufhebung der Religion als des *illusorischen* Glücks des Volkes ist die Forderung seines *wirklichen Glücks*. Die Forderung, die Illusionen über seinen Zustand aufzugeben, ist die *Forderung, einen Zustand aufzugeben, der der Illusionen bedarf*. Die Kritik der Religion ist also im *Keim* die *Kritik des Jammertales*, dessen *Heiligenschein* die Religion ist."[44]

Und wenig später folgt dann der bereits oben zitierte Satz: „Die Kritik der Religion endet [...] mit dem kategorischen Imperativ, alle Verhältnisse umzuwerfen, in denen der Mensch ein erniedrigtes, ein geknechtetes, ein verlassenes, ein verächtliches Wesen ist"[45].

Die Feuerbach'sche Religionskritik ist aber nicht nur, wie gezeigt, die Grundlage für die marxistische Religionskritik, sondern, wie der katholische Theologe Hans Küng formuliert, „Feuerbach ist [...] auch heute alles andere als passé. Kein Atheismus seither, der nicht von Feuerbachs Argumenten zehrte."[46] (237)

4. Schluß

Bereits vor mehr als 150 Jahren meinte Feuerbach gezeigt zu haben, „daß das Christentum längst nicht nur aus der Vernunft, sondern auch aus dem Leben der Menschheit verschwunden, daß es nichts weiter mehr ist als eine fixe Idee, welche mit unsern Feuer- und Lebensversicherungsanstalten, unsern Eisenbahnen und Dampfwägen, unsern Pinakotheken und Glyptotheken, unsern Kriegs- und Gewerbsschulen, unsern Theatern und Naturalienkabinetten im schreiendsten Widerspruch steht." (WC 33)

Dem ist offensichtlich nicht so. Warum?

Meines Erachtens gibt Feuerbach die Antwort selbst, wir haben sie implizit schon gehört. Daher diese Antwort in den Worten eines anderen Religionskritikers und Gottesleugners des 19. Jahrhunderts, Friedrich Nietzsche. Er schreibt in „Die fröhliche Wissenschaft"[47]:

Der Fromme spricht.

Gott liebt uns, weil er uns erschuf! -

„Der Mensch schuf Gott!" - sagt drauf ihr Feinen. Und soll nicht lieben, was er schuf?

Solls gar, weil er es schuf, verneinen?

Das hinkt, das trägt des Teufels Huf.

[1] Rudolf Haym: *Hegel und seine Zeit*, Berlin 1857, Nachdruck Hildesheim 1962, 364, zit. nach Franz Wiedmann: *Georg Wilhelm Friedrich Hegel*, 17. Aufl., Reinbek 1993, 77 f.

[2] Rudolf Haym, a.a.O., 366.

[3] Ernst Bloch: *Neuzeitliche Philosophie II: Deutscher Idealismus / Die Philosophie des 19. Jahrhunderts. Leipziger Vorlesungen zur Geschichte der Philosophie 1950 - 1956*, Band 4, bearb. v. Eberhard Braun (Deutscher Idealismus) u. Hanna Gekle (Die Philosophie des 19. Jahrhunderts), Frankfurt am Main 1985, 423.

[4] „Kein philosophischer Satz hat so sehr den Dank beschränkter Regierungen und den Zorn ebenso beschränkter Liberalen auf sich geladen wie der berühmte Satz Hegels:
,Alles was wirklich ist, ist vernünftig, und alles was vernünftig ist, ist wirklich.'
Das war doch handgreiflich die Heiligsprechung alles Bestehenden, die philosophische Einsegnung des Despotismus, des Polizeistaats, der Kabinettsjustiz, der Zensur. Und so nahm es Friedrich Wilhelm III., so seine Untertanen. Bei Hegel aber ist keineswegs alles, was besteht, ohne weiteres auch wirklich. Das Attribut der Wirklichkeit kommt bei ihm nur demjenigen zu, was zugleich notwendig ist;
,die Wirklichkeit erweist sich in ihrer Entfaltung als die Notwendigkeit';
eine beliebige Regierungsmaßregel - Hegel führt selbst das Beispiel ,einer gewissen Steuereinrichtung' an - gilt ihm daher auch keineswegs schon ohne weiteres als wirklich. Was aber notwendig ist, erweist sich in letzter Instanz auch als vernünftig, und auf den damaligen preußischen Staat angewandt, heißt also der Hegelsche Satz nur: Dieser Staat ist vernünftig, der Vernunft entsprechend, soweit er notwendig ist; und wenn er uns dennoch schlecht vorkommt, aber trotz seiner Schlechtigkeit fortexistiert, so findet die Schlechtigkeit der Regie-

rung ihre Berechtigung und ihre Erklärung in der entsprechenden Schlechtigkeit der Untertanen. Die damaligen Preußen hatten die Regierung, die sie verdienten.

Nun ist aber die Wirklichkeit nach Hegel keineswegs ein Attribut, das einer gegebnen gesellschaftlichen oder politischen Sachlage unter allen Umständen und zu allen Zeiten zukommt. Im Gegenteil. Die römische Republik war wirklich, aber das sie verdrängende römische Kaiserreich auch. Die französische Monarchie war 1789 so unwirklich geworden, d. h. so aller Notwendigkeit beraubt, so unvernünftig, daß sie vernichtet werden mußte durch die große Revolution, von der Hegel stets mit der höchsten Begeisterung spricht. Hier war also die Monarchie das Unwirkliche, die Revolution das Wirkliche. Und so wird im Lauf der Entwicklung alles früher Wirkliche unwirklich, verliert seine Notwendigkeit, sein Existenzrecht, seine Vernünftig- keit; an die Stelle des absterbenden Wirklichen tritt eine neue, lebensfähige Wirklichkeit - friedlich, wenn das Alte verständig genug ist, ohne Sträuben mit Tode abzugehn, gewaltsam, wenn es sich gegen diese Notwendigkeit sperrt. Und so dreht sich der Hegelsche Satz durch die Hegelsche Dialektik selbst um in sein Gegenteil: Alles, was im Bereich der Menschengeschichte wirklich ist, wird mit der Zeit unvernünftig, ist also schon seiner Bestimmung nach unvernünftig, ist von vornherein mit Unvernünftigkeit behaftet; und alles, was in den Köpfen der Menschen vernünftig ist, ist bestimmt, wirklich zu werden, mag es auch noch so sehr der bestehenden scheinbaren Wirklichkeit widersprechen. Der Satz von der Vernünftigkeit alles Wirklichen löst sich nach allen Regeln der Hegelschen Denkmethode auf in den andern: Alles was besteht, ist wert, daß es zugrunde geht.

Darin aber grade lag die wahre Bedeutung und der revolutionäre Charakter der Hegelschen Philosophie [...], daß sie der Endgültigkeit aller

Ergebnisse des menschlichen Denkens und Handelns ein für allemal den Garaus machte." (Friedrich Engels: *Ludwig Feuerbach und der Ausgang der klassischen deutschen Philosophie*, MEW 21, 266 f.)

[5] Ludwig Feuerbach: *Fragmente zur Charakteristik meines philosophischen curriculum vitae*, in: ders., *Gesammelte Werke X, hg. v. Werner Schuffenhauer, Berlin 1971, 178.*

[6] Alfred Schmidt: Ludwig Feuerbach: *Anthropologischer Materialismus*, in: Josef Speck (Hg.), Grundprobleme der großen Philosophen. Philosophie der Neuzeit II, 3. durchges. Auflage, Göttingen 1988, 184 – 219, hier: 185. S. dazu auch Ernst Bloch: *Keim und Grundlinie. Zu den Elf Thesen von Marx über Feuerbach*, in: Deutsche Zeitschrift für Philosophie, Heft 5, Berlin 2003, 805 – 833, hier: 808 u. 809 (Erstabdruck in: Deutsche Zeitschrift für Philosophie, Heft 2 / 1953, 237 – 261).

[7] Seitenangaben in Klammern ohne weitere Angaben beziehen sich auf: Ludwig Feuerbach: *Das Wesen des Christentums*, Stuttgart 1988 (der Text folgt der dritten Auflage, Leipzig 1849; erste Auflage 1841).

[8] „Die Religion, wenigstens die christliche, ist das *Verhalten des Menschen zu sich selbst*, oder richtiger: *zu seinem* Wesen, aber das Verhalten zu seinem Wesen als zu *einem andern Wesen*." (54).

[9] Ludwig Feuerbach: *Vorlesungen über das Wesen der Religion* (gehalten 1848/49 in Heidelberg), in: ders., *Gesammelte Werke Band VI*, Berlin 1967, 30 f.

[10] Dankadresse des Heidelberger Arbeiter-Bildung-Vereins an Ludwig Feuerbach, in: Karl Grün, a. a. O., Band II, 193 f.

[11] Friedrich Engels: Ludwig Feuerbach und der Ausgang der klassischen deutschen Philosophie, MEW 21, 272 f. (geschrieben Anfang 1886).

12 Karl Marx / Friedrich Engels: Der Briefwechsel, 4 Bände, München

Ergebnisse des menschlichen Denkens und Handelns ein für allemal den Garaus machte." (Friedrich Engels: *Ludwig Feuerbach und der Ausgang der klassischen deutschen Philosophie*, MEW 21, 266 f.)

[5] Ludwig Feuerbach: *Fragmente zur Charakteristik meines philosophischen curriculum vitae*, in: ders., *Gesammelte Werke X*, hg. v. Werner Schuffenhauer, Berlin 1971, 178.

[6] Alfred Schmidt: Ludwig Feuerbach: *Anthropologischer Materialismus*, in: Josef Speck (Hg.), Grundprobleme der großen Philosophen. Philosophie der Neuzeit II, 3. durchges. Auflage, Göttingen 1988, 184 – 219, hier: 185. S. dazu auch Ernst Bloch: *Keim und Grundlinie. Zu den Elf Thesen von Marx über Feuerbach*, in: Deutsche Zeitschrift für Philosophie, Heft 5, Berlin 2003, 805 – 833, hier: 808 u. 809 (Erstabdruck in: Deutsche Zeitschrift für Philosophie, Heft 2 / 1953, 237 – 261).

[7] Seitenangaben in Klammern ohne weitere Angaben beziehen sich auf: Ludwig Feuerbach: *Das Wesen des Christentums*, Stuttgart 1988 (der Text folgt der dritten Auflage, Leipzig 1849; erste Auflage 1841).

[8] „Die Religion, wenigstens die christliche, ist das *Verhalten des Menschen zu sich selbst*, oder richtiger: *zu seinem* Wesen, aber das Verhalten zu seinem Wesen als zu *einem andern Wesen*." (54).

[9] Ludwig Feuerbach: *Vorlesungen über das Wesen der Religion* (gehalten 1848/49 in Heidelberg), in: ders., *Gesammelte Werke Band VI*, Berlin 1967, 30 f.

[10] Dankadresse des Heidelberger Arbeiter-Bildung-Vereins an Ludwig Feuerbach, in: Karl Grün, a. a. O., Band II, 193 f.

[11] Friedrich Engels: Ludwig Feuerbach und der Ausgang der klassischen deutschen Philosophie, MEW 21, 272 f. (geschrieben Anfang 1886).

12 Karl Marx / Friedrich Engels: *Der Briefwechsel*, 4 Bände, München

1983, 7; Reprint aus der alten Marx-Engels-Gesamtausgabe (MEGA), hg. v. D. Rjazanov, Dritte Abteilung, Band 1,Berlin 1929.

[13] Karl Marx: Thesen über Feuerbach (These 6), MEW 3, 6.

[14] Ernst Bloch: *Keim und Grundlinie. Zu den Elf Thesen von Marx über Feuerbach*, a.a.O., 808.

[15] ebd.

[16] Karl Marx / Friedrich Engels: Deutsche Ideologie, MEW 3, 44.

[17] Ernst Bloch: *Keim und Grundlinie*, a.a.O., 809.

[18] Siehe dazu auch: Ernst Bloch: *Das Prinzip Hoffnung. Erster Band*, 1. Aufl., Frankfurt am Main 1973, und darin besonders „Weltveränderung oder die Elf Thesen von Marx über Feuerbach", 288 – 334.

[19] ebd., 811.

[20] Karl Marx: Thesen über Feuerbach (These 5), a.a.O., 6.

[21] Ernst Bloch: *Keim und Grundlinie*, a.a.O., 813.

[22] Karl Marx: Zur Kritik der politischen Ökonomie, MEW 13, 9.

[23] Ernst Bloch: *Keim und Grundlinie*, a.a.O., 814.

[24] ebd.

[25] ebd.

[26] ebd., 816 (Bloch zitiert hier aus den von Engels redigierten Thesen).

[27] ebd.

[28] ebd.

[29] ebd., 818.

[30] ebd.

[31] ebd.

[32] Karl Marx: *Zur Kritik der Hegelschen Rechtsphilosophie. Einleitung*, 1, 385.

[33] Karl Marx / Friedrich Engels: *Die deutsche Ideologie*, MEW 3, 45)

[34] ebd.

[35] Ernst Bloch: *Keim und Grundlinie*, a.a.O., 819.

[36] ebd.

[37] ebd.

38 Ludwig Feuerbach: *Grundsätze der Philosophie der Zukunft*, § 35, in: ders., *Entwürfe zu einer Neuen Philosophie*, hg. v. Walter Jaeschke u. Werner Schuffenhauer, Hamburg 1996, 25–99, hier: 78.

[39] Ernst Bloch: *Keim und Grundlinie*, a.a.O., 823.

[40] ebd., 824.

[41] ebd.

[42] ebd., 827.

[43] ebd., 829.

[44] Karl Marx: *Zur Kritik der Hegelschen Rechtsphilosophie*. Einleitung, MEW , 378 f.

45 s. Anm. 31.

[46] Hans Küng: *Existiert Gott? Antwort auf die Gottesfrage der Neuzeit*, 6. Aufl., München 1991, 237.

[47] Friedrich Nietzsche: *Die fröhliche Wissenschaft*. „Scherz, List, Rache." Vorspiel in deutschen Reimen, 38. KSA 3, 361.

Ludwig Feuerbach
175 Jahre „Das Wesen des Christentums"
Vortrag bei den Nürnberger Freidenker*innen (16. 9. 2022)

Die Voraussetzungen

Ludwig Feuerbach wurde 1804 in eine Zeit hineingeboren, der man die Bezeichnung „Biedermeier" gegeben hat. Der Begriff „Biedermeier" assoziiert Idylle, eine vordergründige, fadenscheinige Idylle fürwahr, wie wir gleich sehen werden.

Von 1799 bis 1814 überzog Napoleon Europa mit Kriegen, was u. a. zu einer „politischen Flurbereinigung" im Flickenteppich Mitteleuropa führte. Im „Wiener Kongreß" 1814/15 sollten die europäischen Fürsten nach dem Sieg über Napoleon die politischen Verhältnisse in Europa neu ordnen. Die deutschen Fürsten widersetzten sich dem Gedanken, *ein* deutsches Kaiserreich zu gründen: sie wollten selbständig bleiben. So einigte man sich auf die Errichtung des „Deutschen Bundes", dessen Teilstaaten sich u. a. verpflichteten, ihren Ländern eine Verfassung zu geben. Aber die beiden Großmächte Österreich und Preußen hielten sich nicht an das Verfassungsversprechen. Als Antwort auf

die Gründung der deutschen Burschenschaft in Jena am
12. Juni 1815 schlossen der Kaiser von Österreich, der Zar
von Rußland und König Friedrich Wilhelm III. von Preußen die sogenannte „Heilige Allianz" gegen die revolutionären Bestrebungen, was u. a. bedeutete, daß in Preußen
Zeitungen, Zeitschriften und Flugblätter nicht „ohne Vorwissen und Genehmigung der Landesbehörden zu Druck
befördert werden" durften. Als am 23. März 1819 Staatsrat
August Friedrich Ferdinand von Kotzebue vom Studenten
Karl Ludwig Sand ermordet wurde, kam es zu den Karlsbader Beschlüssen: Errichtung einer Zentraluntersuchungskommission in Mainz, Verbot der Burschenschaften, Verfolgung der sogenannten „Demagogen", Überwachung der
Presse und der Universitäten. Diese Beschlüsse wurden
1820 Bestandteil der Wiener Schlußakte und damit der
Bundesverfassung.

Seit 1818 hatte Georg Friedrich Wilhelm Hegel als Nachfolger Johann Gottlieb Fichtes den Philosophielehrstuhl
in Berlin inne. 1821 erschien seine Rechtsphilosophie
unter dem Doppeltitel „Grundlinien einer Philosophie
des Rechts" und „Naturrecht und Staatswissenschaft", deren Vorrede traurige Berühmtheit erlangen sollte. Rudolf
Haym, neben Karl Rosenkranz der zweite zeitgenössische

Hegelbiograph, nennt sie eine „wissenschaftlich formulierte Rechtfertigung des Karlsbader Polizeisystems und der Demagogenverfolgung" und fährt dann fort:
„[G]eradezu [...] macht die Philosophie [Hegels] mit der Polizei gemeinschaftliche Sache, und von Angriff und Anschuldigung schreitet sie zu persönlicher Denunciation und zur Aufhetzung der öffentlichen Gewalten fort." (Haym 77)

Der berühmteste Satz aus der Vorrede, der Hegel verdächtig machte, preußischer Staatsphilosoph zu sein, lautet: „Was vernünftig ist, das ist wirklich, und was wirklich ist, das ist vernünftig." Das reaktionäre politische Systems Friedrich Wilhelm III. wird, da real, somit als vernünftig erklärt, und Hegelbiograph Rudolf Haym (366) merkt an: „Die Gottesgnadentheorie und die Theorie von der oboedientia absoluta ist unschuldig und gefahrlos im Vergleich mit der furchtbaren Doctrin, welche *das Bestehende als Bestehendes heilig spricht.*" Bloch nennt den zweiten Teil des Satzes „reaktionär". Friedrich Engels hingegen sah das ganz anders.

1824 kommt Ludwig Feuerbach nach Berlin, um bei Hegel zu studieren. Der Theologiestudent aus Heidelberg wechselt 1825 gegen den Willen des Vaters in die philosophische Fakultät, und damit beginnt, was er später einmal seinen

„zweiten Gedanken" nennen sollte: „Gott war mein erster Gedanke, die Vernunft mein zweiter, der Mensch mein dritter und letzter Gedanke." Mit „Gott war mein erster Gedanke" spielt Feuerbach auf sein Theologiestudium an, mit „der Mensch mein dritter und letzter Gedanke" auf seinen anthropologischen Materialismus.

Ab etwa den 1820er Jahren kann man davon sprechen, daß sich eine Hegelschule bildete, die sich nach Hegels Tod 1831 allmählich aufspaltete in Rechtshegelianer und Linkshegelianer. (Die Bezeichnungen stammen von David Friedrich Strauß, einem Zeitgenossen Feuerbachs.) Die Namen der Rechtshegelianer sind heute mehr oder weniger vergessen: Daub, Gabler, Göschel, von Henning, Hinrichs, Marheineke, die der Linkshegelianer sind (zumindest teilweise) bekannt: Bruno Bauer (der „heilige Bruno"), Ludwig Feuerbach, Karl Marx, Arnold Ruge, Max Stirner (der „heilige Max"), David Friedrich Strauß.

Zum Bruch kam es über die Frage, wie die christliche Religion zu deuten sei. Hegel hatte sie in der Philosophie „aufgehoben", und der Streit ging darum, was „Aufhebung" bedeuten solle: Bedeutet Aufhebung lediglich, daß Religion aufhört zu existieren, oder aber, daß sie in einem neuen Zustand aufbewahrt, erhalten bleibt, indem sie auf eine höhere Stufe hin"aufgehoben" wird. Der Rechtshegelianismus hielt den biblischen Bericht für vereinbar mit philosophischer Erkenntnis, der Linkshegelianismus nicht. Allerdings verblieben, außer Marx und Feuerbach, die Linkshegelianer in einer „inneridealistische[n] Kritik an Hegel. Bei Feuerbach mündete der Linkshegelianismus in eine fundamentale Religionskritik.

Das Wesen des Christentums

Feuerbach schreibt im Vorwort zu Band I seiner sämtlichen Werke: »Wer von mir nichts weiter sagt und weiß als: Ich bin ein Atheist, der sagt und weiß soviel von mir wie nichts. Die Frage, ob ein Gott ist oder nicht ist, der Gegensatz von Theismus [Glaube an einen persönlichen Gott; W.S.] und Atheismus, gehört dem achtzehnten und siebzehnten, aber nicht mehr dem neunzehnten Jahrhundert an. Ich negiere Gott, das heißt bei mir: Ich negiere die Negation des Menschen, ich setze an die Stelle der illusorischen, phantastischen, himmlischen Position des Menschen, welche im wirklichenLeben notwendig zur Negation des Menschen wird, die sinnliche, wirkliche, folglich notwendig auch politische und soziale Position des Menschen. Die Frage nach dem Sein oder Nichtsein Gottes ist eben bei mir nur die Frage nach dem Sein oder Nichtsein des Menschen.« Diese Aussage will mein Vortrag explizieren.

Feuerbach ist der Philosoph der Ver-Weltlichung, der Säkularisierung. Seine Philosophie markiert den Übergang von Gott zum Menschen sowie von der Kritik der Theologie zur Begründung der Anthropologie. Für Feuerbach war es evident, daß der Platz Gottes von den Menschen eingenommen werden muß. Feuerbach steht in der kritischen Nachfolge von Hegel. § 19 seiner Schrift *Grundsätze der Philosophie der Zukunft* lautet: »Die Vollendung der neuern Philosophie ist die Hegel'sche Philosophie. Die *historische Nothwendigkeit* und *Rechtfertigung* der neuen Philosophie knüpft sich daher hauptsächlich an die *Kritik Hegel's*.« Die Junghegelianer wie David Friedrich Strauß (*Das Leben Jesu, kritisch bearbeitet*), Bruno Bauer, Arnold Ruge, Moses Hess u. a. kritisierten, daß die Hegelsche Philosophie Theologie, also Theorie von Jenseitigem, geblieben sei.
Sie müsse aber in die Tat umgesetzt, also irdische Praxis werden. Für Feuerbach bedeutete dies den Übergang von Gott zum Menschen, denn »*das Geheimnis der Theologie [ist] die Anthropologie*« (WCh10). Dies könne »bewiesen« (ebd.) werden. Sich und seine Philosophie sah Feuerbach

als den »notwendige[n] Wendepunkt der Geschichte« (a.a.o., 400)

Feuerbach wollte die christliche Religion „aufheben" im Sinne Hegels. „Aufheben" hat mindestens zwei Bedeutungen: „aufheben = abschaffen" sowie „aufheben = bewahren". Die dritte Bedeutung nämlich „etwas aufheben" im Sinne von „etwas hochheben" spielt eine Rolle in der Philosophie Ernst Blochs. »Drehung / Hebung« (Bloch, pass.) ist eine der Kategorien Blochs. »Philosophische Kategorien [wie Quantität, Qualität, Relation, Ort, Zeit etc.] sind die allgemeinsten Begriffe, durch welche die wesentlichsten Bestimmungen der materiellen Welt und ihrer Entwicklung im menschlichen Denken widergespiegelt werden.« (Kosing 417) Bloch schreibt: »[A]lles Faßliche [ist] höher gelegen als der und das sich noch allzu Nahe, das sich deshalb noch allzu unmittelbar bleibt. / Das gesehene Glas steht über dem, der daraus trinkt. Sogar der Stuhl, auf dem einer sitzt, rückt dann, wenn er ihn sieht, wenn der Stuhl ihm gegenständlich wird, unweigerlich über den Sitzenden.« (Bloch, 13 f.) Aufheben der Philosophie Hegels heißt also nicht Verwerfen dieser Philosophie, sondern bedeutet »eine sachgetreue, ihrem Gegenstand sich aufs strengste anschließende, historisch-philosophische Analyse –

die Selbstenttäuschung, das Selbst*bewußtsein* der Religion.« (WCh 29) Selbstenttäuschung meint die Täuschung, der man erlegen ist, zu enttäuschen, also nicht mehr der Täuschung zu erliegen. Selbstbewußtsein ist der Prozeß des Sich-selbst-bewußt-Werdens. Es muß aber beachtet werden, daß trotz Aufhebung im Sinne von Verwerfen immer noch ein „Rest" erhalten bleibt. Feuerbach strebt eine »menschgerechte[.] Philosophie« (WCh 33) an, die davon ausgeht, daß »es völlig unmöglich ist, daß irgendein Mensch etwas glaubt, was wirklich wenigstens *seinem* Denk- und Vorstellungsvermögen widerspricht.« (WCh 69)

Feuerbachs Ansatz geht vom Menschen aus und dessen Entwicklung. Er will die bildlichen Vorstellungen der Religion »auf ihren Ursprung in den Bedürfnissen der menschlichen Seele hin analysier[en].« (Stegmaier 307) So betrachtet, ist sein Ansatz sowohl anthropologisch als genealogisch. Feuerbach betrachtet die Entfremdung als den Ursprung der Religion: »In der Religion verstellt der Mensch sich selbst, projiziert, was er selbst ist, auf ein fremdes Wesen, Gott.« (ebd.) Für Feuerbach ist dieser Vorgang »psychische Pathologie« (WCh 8). Diese Pathologie muß von der Philosophie behandelt werden, wodurch sich Philosophie zur Therapie von Religion entwickelt. Die Bedeutung von Religion reduziert sich für den Menschen auf die Wesensbestimmungen von Gott, die er sich am Ende selbst wieder zueignen kann: »[D]ie Wesensbestimmungen, die er [der Mensch] [...] andern Individuen gibt, sind immer aus seinem eignen Wesen geschöpfte Bestimmungen – Bestimmungen, in denen er in Wahrheit nur sich selbst abbildet und vergegenständlicht.« (WCh 51)

Für Feuerbach ist Religion Unvernunft, soweit sie über das Diesseits, die Erde, die Sinnlichkeit hinausgeht. Denn das menschliche Denken ist immer sinnliches Denken. »[I]ch verwerfe überhaupt unbedingt die *absolute*, die *immaterielle*, die *mit sich selbst* zufriedne Spekulation - die Spekulation, die ihren Stoff *aus sich selbst* schöpft. Ich bin himmelweit unterschieden von den Philosophen, welche sich die *Augen* aus dem Kopfe reißen, um desto besser denken zu können; ich brauche zum Denken die Sinne« (WCh 19).

Die Sinnlichkeit ist für Feuerbach nichts Animalisches, sondern hochentwickelte *menschliche* Sinnlichkeit, und von daher ist auch das Denken nichts Göttliches, nichts, was die Sinnlichkeit überschreitet, sondern *menschliches* Denken, das an die Sinnlichkeit des Menschen gebunden ist. Feuerbach: »Der Leib ist allein jene *verneinende, ein-*

schränkende, zusammenziehende, beengende Kraft, ohne welche keine Persönlichkeit denkbar ist. Nimm deiner Persönlichkeit ihren Leib - und du nimmst ihr ihren Zusammenhalt. *Der Leib ist der Grund, das Subjekt der Persönlichkeit.«* (WCh 158) D. h., Feuerbach schließt im Begriff des Menschen Vernunft und Sinnlichkeit zusammen und trennt sie nicht, wie beispielsweise Kant. Dem so gearteten Menschen stellt er dessen Glauben an einen Gott gegenüber. Einen Glauben, von dem der Mensch durch Aufklärung erlöst werden kann. Dadurch wird er frei von der »über-, d. h. widermenschliche[n] Religion und Spekulation«, durch die er bisher »verdorben[..] und verkrüppelt[..]« wurde (WCh 20).

Mit der Bindung der Vernunft an den menschlichen Leib verbleibt die Vernunft auf der Erde, ganz im »Gegensatz zur Hegelschen Philosophie« (ebd.). »Die Vernunft, die Hegel als das Wirkliche selbst und damit als das denkbar Konkreteste zu erweisen gesucht hatte, erscheint aus dem Gesichtspunkt dieses Materialismus nun wieder als abstrakte, „bloße" Vernunft.« (Stegmaier 311) Das Denken kann nun das Dasein wieder so erfassen, wie es ist. »Der Mensch hat sich die Krankheit der Religion, die die Philosophie behandeln soll, nicht zufällig zugezogen. Sie ist, so Feuerbach, gerade daraus erwachsen, daß er sich Bilder, Vorstellungen vom Wesen und Wert der Dinge macht und machen muß. Gott als Gegenstand der Religion ist – hier knüpft Feuerbach wiederum an Hegel an – eine unausweichliche Projektion des Vorstellens als solchem.« (Stegmaier 312)

Feuerbach argumentiert folgendermaßen: Menschliches Vorstellen beruht auf einem bestimmten Verhältnis zur Welt. Vorstellungen des Bewußtseins sind gegenständlich. Da Vorstellungen des Bewußtseins immer des Menschen eigene Vorstellungen sind, macht es sich dabei zugleich selbst zum Gegenstand. »Als Gegenstand aber stellt es sich selbst außerhalb seiner selbst vor – es projiziert sich als Gegenstand.« (ebd.)

Da dies für alle Vorstellungen gilt, gilt es auch und gerade für die Vorstellung(en) von Gott. Bei ihm kommt aber noch die Vorstellung des Vollkommensten hinzu; sie wird in Gott vergegenständlicht. Das Vollkommenste kann aber nicht dieser Welt zugehören! Daher wird die Vorstellung von Gott ins Jenseits projiziert. »Nun ist das Vollkommenste für den Menschen aber das Vollkommenste seines eigenen Wesens. Also stellt er sich das Vollkommenste seines eigenen Wesens als einen Gegenstand im Jenseits vor.«

(Stegmaier 312 f.) Das ist das Geheimnis der Religion: »Gott ist das offenbare Innere, das ausgesprochne Selbst des Menschen; die Religion die feierliche Enthüllung der verborgnen Schätze des Menschen, das Eingeständnis seiner innersten Gedanken, das öffentliche Bekenntnis seiner Liebesgeheimnisse.« (WCh 53)

Dies bedeutet, daß der Mensch sich Gott so vorstellt, wie er sich selbst vorstellt, also als das eigene Selbstbild, jedoch erhaben über die Welt und ohne menschliche Beschränkungen. »In der Religion befreit sich der Mensch von den Schranken des Lebens« (WCh 1. Aufl. 1841, S. 186).

Feuerbachs These lautet: »*Das göttliche Wesen ist nichts andres* als das menschliche Wesen oder besser: *das Wesen des Menschen*, abgesondert von den Schranken des individuellen, d. h. wirklichen, leiblichen Menschen, vergegenständlicht, d. h. *angeschaut* und *verehrt als ein andres, von ihm unterschiednes, eignes Wesen* – alle Bestimmungen des göttlichen Wesens sind darum Bestimmungen des menschlichen Wesens.« (WCh 54 f.)

Nun wird Gott wird als einer gedacht. Aber das Wesen des Menschen ist das Wesen *aller* Menschen, das Wesen der

Gattung Mensch. Feuerbach kommt folgendermaßen dorthin:

»Nach Hegel ist das Bewußtsein wesentlich von seinem Gegenstand bestimmt. Doch es kann sich, als Selbstbewußtsein, zugleich von diesem Gegenstand unterscheiden. In der einen Hinsicht, in seiner Bindung an den Gegenstand, ist es endlich, in der andern, in seiner Beziehung auf sich selbst, ist es unendlich. In materialistisch-biologischer Perspektive ist das Bewußtsein der wesentliche Unterschied des Menschen vom Tier. Dann aber ist das Selbstbewußtsein, als Bewußtsein dieses Unterschieds, das Bewußtsein der Gattung. In der Gattung wiederum ist das Einzelne das Endliche, das seine Zeit hat, geboren wird und stirbt, und die Gattung selbst ist als das bleibende Allgemeine das Unendliche. So wird der Schluß möglich: Für die Religion ist Gott das Unendliche. In Wahrheit ist das Unendliche die Gattung, die Gattung Mensch. Also ist Gott in Wahrheit die Gattung Mensch.« (Stegmaier 313 f.)

Zur näheren Bestimmung des Wesens Gottes als Wesen der Gattung Mensch formuliert Feuerbach: Die Wesensvollkommenheiten Vernunft, Wille, Herz / Willenskraft sind der wahre Urgrund und Ursprung und der Endzweck des

Menschen; als solche sind sie »[w]ahr, vollkommen, gött-lich« (WCh 39), »*göttliche, absolute Mächte*« (WCh 40).

Damit läßt der Mensch für sich nur die Unvollkommenheit übrig: »[D]amit Gott alles sei, [muß] der Mensch nichts sein.« (WCh 71) D. h., der Mensch demütigt sich vor dem von ihm selbst geschaffenen Gott: »*Erst schafft der Mensch ohne Wissen und Willen Gott nach seinem Bilde*, und dann erst schafft wieder dieser Gott mit *Wissen und Willen* den Menschen nach seinem Bilde.« (WCh 192)

Der Mensch wird damit zum Objekt, zum Objekt Gottes. Und er stellt sich vor, daß er auch nicht sein könnte – Gott könnte ihn ja nicht geschaffen haben: »[D]er Mensch, der doch Grund der Vorstellung Gottes und der Welt ist, hat sich und die Welt der Möglichkeit des Nichts ausgesetzt, er hat sich und die Welt in die Nichtigkeit versetzt.« (Stegmaier 315) Er hat sich, so Feuerbach, entzweit. »Die Religion ist die *Entzweiung* des Menschen *mit sich selbst*: er setzt sich Gott als ein ihm *entgegengesetztes* Wesen gegenüber. Gott ist *nicht*, was der *Mensch* ist – der *Mensch* nicht, was *Gott* ist.« (WCh 80) Diese Einsicht in die Selbstentzweiung des Menschen impliziert aber schon die Aufforderung, sich mit sich selbst zu versöhnen, das eigene Ich, das in das Wesen

Gottes projiziert wurde, der eigenen Gattung wieder anzu-
eignen.

Feuerbach nimmt sich vor, die religiösen Vorstellungen
des Menschen im einzelnen als Bestimmungen seines eigenen Wesens zu dechiffrieren. Alles, was Gott zugesprochen
wird, alle seine Prädikate, will er wieder als Prädikate des
Menschen darstellen. Ein Beispiel möge genügen: Der unschuldig leidende Christus soll als das eigene unschuldige
Leiden der Menschen dechiffriert werden. Die Geheimnisse
der Religion sind also »Anthropomorphismen« (WCh 59),
Übertragungen menschlicher Eigenschaften auf Gott.

Die christliche Religion ist für Feuerbach wie für den ganzen
deutschen Idealismus die höchstentwickelte, ausgezeichnet
durch die Menschwerdung Gottes. Dadurch wird der Übergang von der Theologie zur Anthropologie ermöglicht.
»[I]ndem sie [die christliche Religion] Gott Mensch werden
läßt« sagt sie: »Gott ist Mensch, der Mensch Gott« (WCh
22). Feuerbach schätzt an ihr besonders ihre sinnliche Seite
wie beispielsweise das Wasser bei der Taufe, aber auch ihre
Ausrichtung auf den Menschen und die Menschlichkeit.
Gott ist für die christliche Religion nicht nur selbst Mensch
geworden, er hat auch in einer heiligen Familie gelebt, hat

sich als Liebe unter den Menschen geoffenbart und hat als Mensch gelitten. Die christliche Religion sei, so Feuerbach, »die Religion des Leidens« (WCh 119): »die Christen heiligten das Leiden, setzten das Leiden selbst in Gott« (WCh 115). Die Erlösung sei die Liebe, die sich durch Leiden »bewährt« (ebd.).

Nach und für Feuerbach ist die Menschlichkeit der wahre Begriff der Religion bzw. für Religion. »Was ihm widerspricht, erklärt er für unwahr. Das Wahre an der christlichen Religion wird zur Anthropologie, das Unwahre an ihr bleibt als leer und überflüssig gewordene Theologie zurück.« (Stegmaier 317)

Die Mitte von Anthropologie und Religion ist für Feuerbach der „Anthropotheismus" (s. WCh 97). »[I]ndem ich die Theologie zur Anthropologie erniedrige, erhebe ich vielmehr die Anthropologie zur Theologie, gleichwie das Christentum, indem es Gott zum Menschen erniedrigte, den Menschen zu Gott machte« (WCh 97). Indem das Wesen Gottes als Wesen des Menschen säkularisiert, verweltlicht wird, wird das Wesen des Menschen geheiligt.

Feuerbach widmet daher jeder Wesensvollkommenheit des Menschen, die auf Gott projiziert wird, ein besonderes Kapitel, so dem Wünschen und Streben, der Schaffenskraft, dem Gemüt, dem Leiden und der Liebe etc.

Nicht immer aber entspricht die Religion dem guten Wesen des Menschen. Dann wird sie in der Tradition der Religionskritik der englischen und französischen Aufklärung, insbesondere der französischen Materialisten des 18. Jahrhunderts, als Quelle von Verdunkelungen, Mysterien usw. betrachtet. Insgesamt wird sie als »*unerschöpfliche Fundgrube von Lügen, Täuschungen, Blendwerken, Widersprüchen und Sophismen*« (WCh 318) entlarvt. Feuerbach kritisiert die Jenseitigkeit Gottes sowie seine halb abstrakte, halb persönliche Existenz: »Ein besonders charakteristischer Kunstgriff und Vorteil der christlichen Sophistik ist die *Unerforschlichkeit*, die *Unbegreiflichkeit* des göttlichen Wesens.« (ebd.) Er kritisiert die Sakramente, sofern in ihnen Natürliches eine übernatürliche Wirkung haben soll, er moniert aber auch die Willkür der Gnade Gottes und die historische Zufälligkeit der Offenbarung. Dies alles ist bis heute fester Bestandteil einer (bürgerlichen) Religionskritik.

Philosophisch am weitestgehenden ist die Kritik Feuerbachs am Offenbarungsglauben. Dieser »tötet auch den göttlichsten Sinn im Menschen - *den Wahrheitssinn, das Wahrheitsgefühl*«, indem »ein historisches, ein notwendig unter allen *Bedingungen* der *Zeitlichkeit* und *Endlichkeit* verfaßtes Buch die Bedeutung eines ewigen, absolut, allgemein gültigen Wortes hat - *Aberglaube* und *Sophistik*.« (WCh 317 f.) Der Glaube als solcher verkehrt die Wirklichkeit: »Der Glaube ist die *Macht der Einbildungskraft*, welche das Wirkliche zum Unwirklichen, das Unwirkliche zum Wirklichen macht – der direkte Widerspruch mit der *Wahrheit der Sinne, der Wahrheit der Vernunft*. der Glaube verneint, was die Vernunft bejaht, und bejaht, was sie verneint.« (WCh 362)

Höhepunkt und Ziel von Feuerbachs Überführung, Transformation der Theologie in Anthropologie ist die Liebe. Liebe braucht die Gegenwart eines anderen, das »Angesicht zu Angesicht« (WCh passim): »*Sehen* ist *ein göttlicher Akt*. Seligkeit liegt im bloßen Anblick des Geliebten. Der Blick ist die Gewißheit der Liebe.« (WCh 111) Die christliche Religion ist für ihn eine Religion der Liebe, darum habe Gott Mensch werden müssen: »Die Liebe ist Gott selbst und außer ihr ist kein Gott. Die Liebe macht den Menschen zu

Gott und Gott zum Menschen.« (WCh 99) »Aber nicht erst Christus leide und opfere sich aus Liebe zu den Menschen; auch schon die Schöpfung sei so zu verstehen, daß Gott den Menschen wolle, sich um ihn sorge und ihn liebe« (Stegmaier 320 f.). Wenn Religion zur Religion der Liebe werde, dann aber hebe sich die Religion selbst auf: »Die Liebe überwindet Gott.« (WCh 106) Eine Religion der Liebe bedeutet für Feuerbach einen tiefen Widerspruch zur Liebe selbst. Er verlangt daher, *aus Liebe* die Religion zu opfern: »Wie Gott sich selbst aufgegeben aus Liebe, so wollen wir auch aus Liebe Gott aufgeben; denn *opfern wir nicht Gott der Liebe auf, so opfern wir die Liebe Gott auf,* und wir haben trotz des Prädikats der Liebe den Gott, das böse Wesen des religiösen Fanatismus.« (WCh 107)

Grundlage der Feuerbachschen Schlußfolgerung ist seine Voraussetzung, daß Religion ein Glaube an Dogmen ist. Liebe wendet Menschen jeglicher Couleur einander zu, Ausgrenzung, Verdammung und Diskriminierung kennt sie nicht. Daher ist sie für Feuerbach identisch mit der Vernunft. So kann er schreiben: »Die Vernunft ist selbst nichts andres als die universale Liebe.« (WCh 382) Im Widerspruch zur Liebe steht der Glaube an Dogmen. Denn er unterscheidet in „Gute" und „Böse", grenzt Un- und Andersgläubige aus. Eine Religion, die Liebe zum Dogma macht, widerspricht sich selbst: »*Der Glaube ist das Gegenteil der Liebe.*« (WCh 382)

Werner Stegmaier schreibt (321 f.): »Feuerbach betrachtet den Glauben zugleich psychologisch und soziologisch. Der Glaube an die Liebe kann „*ohne Liebe*" (WCh 391) sein. Zum einen macht er notwendig selbstgerecht und „hochmütig" (WCh 372). Er verleiht dem Gläubigen, der aus dem Vorrang des Gottes der Liebe, an den er glaubt, einen Vorrang seiner selbst ableitet, „ein besonderes *Ehr-* und *Selbstgefühl*" (WCh 372). Auch wenn ein Christ das weiß, entgeht er dem Hochmut nicht; denn seine Demut ist lediglich „ein umgekehrter Hochmut" (WCh 373). Zum andern erzeugt der Glaube „notwendig *feindselige* Gesinnungen" unter den Menschen (WCh 377), „geht notwendig in Haß, der Haß in Verfolgung über" (WCh 386) Denn in seinem durch die Religion gerechtfertigten Vorrangsgefühl kann der Gläubige nicht anders, als sich zur Norm aller übrigen zu erheben. „Der Gläubige ist also allein der legitime, normale Mensch, der Mensch, wie er sein soll, der Mensch, den Gott anerkennt." (WCh 1. Aufl. 1841, S. 420; vgl. WCh 378) So muß er sich zum Richter machen, der alle nach seinen Dogmen verurteilt und verdammt: „Wesentlich verurteilt, verdammt der Glaube." (WCh 1. Aufl. 1841, S. 418; vgl WCh 376) Die Religion der Liebe verbietet das Richten, und dennoch fordert sie es als Religion heraus.«

Religion muß also aus Gründen der Liebe aufgegeben werden. Liebe braucht keine Dogmen und keinen Mittler. Wenn Christus Liebe ist, dann ist jeder, der liebt, selbst Christus!! Feuerbach schreibt: »Wer also den Menschen um des Menschen willen liebt, wer sich zur Liebe der Gattung erhebt, zur universalen, dem Wesen der Gattung entsprechenden Liebe, der ist Christ, der ist Christus selbst. Er tut, was Christus tat, was Christus zu Christus machte. Wo also das Bewußtsein der Gattung als Gattung entsteht, da verschwindet Christus, ohne daß sein wahres Wesen vergeht.« (WCh 399) Im Klartext: Das Christentum führt auf die »*natürliche[.] Moral*« (WCh 386) zurück.

Feuerbach begibt sich damit natürlich auf Konfrontationskurs mit den christlichen Kirchen. Das Christentum hatte sich, kurz vor Feuerbach noch befeuert durch Hegel, so verstanden und wurde auch so verstanden, daß es dem Einzelnen, dem Individuum unendlichen Wert gebe. Für Feuerbach ist das Gegenteil richtig, die Ansichten der etablierten Kirchen möchte er überwinden: Er betrachtet nicht das Individuum, das Endliche, Begrenzte, Beschränkte als höchsten Wert. Dieser ist für ihn die »Wesensvollkommenheit« der Gattung Mensch. Dieser Wert sei, so die Interpretation Stegmaiers (323) »auch im Christentum angelegt, nämlich als Lehre von der allgemeinen Sündhaftigkeit des Menschen. Sie sei dort jedoch so verstanden worden, daß jeder sich für sich, als Einzelner, vor Gott zu rechtfertigen habe. Aber dabei habe man die Gattung vergessen. Daß alle Menschen Sünder sind, heiße gerade, daß ihr Wert nicht darin liegen könne, Einzelne zu sein, daß sie nichtEinzelne sein sollen.«

Dieser und ähnliche Gedanken Feuerbachs nennt Karl Marx »schwülen Liebestau« (zit. nach Bloch AC 281). Damit ist seine Kritik an Feuerbach aber natürlich nicht beendet.

Zuerst aber waren Linkshegelianer wie Marx und Engels ‚Feuerbachianer'. Engels schreibt in seinem Werk *Ludwig Feuerbach und der Ausgang der klassischen deutschen Philosophie*: (MEW 21, 272): »Da kam Feuerbachs „Wesen des Christenthums". Mit *einem* Schlag zerstäubte es den Widerspruch, indem es den Materialismus ohne Umschweife wieder auf den Thron erhob. Die Natur existiert unabhängig von aller Philosophie; sie ist die Grundlage, auf der wir Menschen, selbst Naturprodukte, erwachsen sind; außer der Natur und den Menschen existiert nichts, und die höhern Wesen, die unsere religiöse Phantasie erschuf, sind nur die phantastische Rückspiegelung unseres eignen Wesens. Der Bann war gebrochen; das „System" war gesprengt und beiseite geworfen, der Widerspruch war, als nur in der Einbildung vorhanden, aufgelöst.«

1847, also ein Jahr, nachdem Das *Wesen des Christentums* entstanden und publiziert wurde, schreibt Marx folgenden Artikel in der Deutsche Brüsseler Zeitung. Das klingt nun nicht mehr unbedingt nach absoluter Anerkennung des von Feuerbach Vorgebrachten:

»Die sozialen Prinzipien des Christentums

Die sozialen Prinzipien des Christentums haben jetzt achtzehnhundert Jahre Zeit gehabt, sich zu entwickeln, und bedürfen keiner ferneren Entwicklung durch preußische Konsistorialräte.

Die sozialen Prinzipien des Christentums haben die antike Sklaverei gerechtfertigt, die mittelalterliche Leibeigenschaft verherrlicht und verstehen sich ebenfalls im Notfall dazu, die Unterdrückung des Proletariats, wenn auch mit etwas jämmerlicher Miene, zu verteidigen.

Die sozialen Prinzipien des Christentums predigen die Notwendigkeit einer herrschenden und einer unterdrückten Klasse und haben für die letztere nur den frommen Wunsch, die erstere möge wohltätig sein.

Die sozialen Prinzipien des Christentums setzen die konsistorialrätliche Ausgleichung aller Infamien in den Himmel und rechtfertigen dadurch die Fortdauer dieser Infamien auf der Erde.

Die sozialen Prinzipien des Christentums erklären alle Niederträchtigkeiten der Unterdrücker gegen die Unterdrückten entweder für gerechte Strafe der Erbsünde und sonstigen Sünden oder für Prüfungen, die der Herr über die Erlösten nach seiner unendlichen Weisheit verhängt.

Die sozialen Prinzipien des Christentums predigen die Feigheit, die Selbstverachtung, die Erniedrigung, die Unterwürfigkeit, die Demut, kurz alle Eigenschaften der Kanaille, und das Proletariat, das sich nicht als Kanaille be-

handeln lassen will, hat seinen Mut, sein Selbstgefühl, seinen Stolz und seinen Unabhängigkeitssinn noch viel nöti-
ger als sein Brot.

Die sozialen Prinzipien des Christentums sind duckmäuse-
rig, und das Proletariat ist revolutionär.« (Marx: Der Kommunismus des „Rheinischen Beobachter", Deutsche Brüsseler Zeitung vom 12.9.1847)

Knapp 60 Jahre später formuliert Lenin in der Zeitschrift
Nowaja Shisn (Neues Leben) vom 3.12.1905: »Die Ohn-
macht der ausgebeuteten Klassen im Kampf gegen die
Ausbeuter erzeugt ebenso unvermeidlich den Glauben
an ein besseres Leben im Jenseits, wie die Ohnmacht des
Wilden im Kampf mit der Natur den Glauben an Götter,
Teufel, Wunder usw. erzeugt. Denjenigen, der sein Leben
lang arbeitet und Not leidet, lehrt die Religion Demut und
Langmut hienieden und vertröstet ihn mit der Hoffnung
auf himmlischen Lohn. Denjenigen aber, die von fremder
Arbeit leben, lehrt die Religion Wohltätigkeit hienieden,
womit sie ihnen eine recht billige Rechtfertigung ihres
ganzen Ausbeuterdaseins anbietet und Eintrittskarten für
die himmlische Seligkeit zu erschwinglichen Preisen. Die
Religion ist das Opium des Volks. Die Religion ist eine Art
geistigen Fusels, in dem die Sklaven des Kapitals ihr Men-

schenantlitz und ihre Ansprüche auf ein halbwegs menschenwürdiges Leben ersäufen.« (Lenin 6 f.)

In seinem Brief an Maxim Gorki, geschrieben im Dezember 1913, wendet sich Lenin gegen die Feuerbachsche Auffassung von der Entstehung von Religion und des Christentums, allerdings ohne Feuerbach expressis verbis zu nennen:
»Es ist falsch, daß Gott ein Komplex von Ideen ist, die die sozialen Gefühle wecken und organisieren. [...] Gott ist (historisch wie im Leben) vor allem ein Komplex von Ideen, die von der dumpfen, sowohl durch die äußere Natur als auch durch die Klassenunterdrückung bewirkten Niedergeschlagenheit des Menschen erzeugt wurden – von Ideen, die diesen Zustand der Niedergedrücktheit *festigen,* die den Klassenkampf *einschläfern.*« (Lenin 53)

Die beiden Textauszüge von Lenin kritisieren Feuerbach bzw. dessen Ansatz, ohne Feuerbach zu nennen. Aber auch ohne Marx zu nennen, auf dessen 6. und 7. These sie beruhen:
6. These:
»Feuerbach löst das religiöse Wesen in das *menschliche* Wesen auf. Aber das menschliche Wesen ist kein dem ein-

zelnen Individuum inwohnendes Abstraktum. In seiner Wirklichkeit ist es das ensemble der gesellschaftlichen Verhältnisse.

Feuerbach, der auf die Kritik dieses wirklichen Wesens nicht eingeht, ist daher gezwungen:

1. von dem geschichtlichen Verlauf zu abstrahieren und das religiöse Gemüt für sich zu fixieren, und ein abstrakt – *isoliert* - menschliches Individuum vorauszusetzen;

2. Das Wesen kann daher nur als „Gattung", als innere, stumme, die vielen Individuen natürlich verbindende Allgemeinheit gefaßt werden.« (Marx MEW 3, 6)

7. These:

»Feuerbach sieht daher nicht, daß das „religiöse Gemüt" selbst ein gesellschaftliches Produkt ist und daß das abstrakte Individuum, das er analysiert, in Wirklichkeit einer bestimmten Gesellschaftsform angehört.« (ebd.)

Nicht in Thesenform ist Marx' „Definition" dessen, was Religion, was Christentum sei:

»Sie [die Religion] ist die *phantastische Verwirklichung* des *menschlichen Wesens*, weil das menschliche Wesen keine wahre Wirklichkeit besitzt. [...]

Das *religiöse* Elend ist in einem der *Ausdruck* des wirklichen Elendes und in einem die *Protestation* gegen das wirkliche

Elend. Die Religion ist der Seufzer der bedrängten Kreatur, das Gemüt einer herzlosen Welt, wie sie der Geist geistloser Zustände ist. Sie ist das *Opium* des Volkes.

Die Aufhebung der Religion als des *illusorischen* Glücks des Volkes ist die Forderung seines *wirklichen Glücks.* [...]

Die Kritik hat die imaginären Blumen an der Kette zerpflückt, nicht damit der Mensch die phantasielose, trostlose Kette trage, sondern damit er die Kette abwerfe und die lebendige Blume breche. [...]

Die Kritik der Religion endet mit der Lehre, daß der *Mensch das höchste Wesen für den Menschen sei,* also mit dem *kategorischen Imperativ, alle Verhältnisse umzuwerfen,* in denen der Mensch ein erniedrigtes, ein geknechtetes, ein verlassenes, ein verächtliches Wesen ist.« (Marx MEW 1, 378 f. u. 385)

Es kann nicht verwundern, daß Marx, Engels, Lenin und andere Sozialisten / Kommunisten, salopp gesagt, nicht viel von Religion, Christentum und Theologie hielte und halten. Interessant ist allerdings die Konsequenz, die aus folgender Stelle aus den Marxschen *Ökonomisch-Philosophischen*

Manuskripte gezogen werden kann:
»[D]er Atheismus ist der durch Aufhebung der Religion,
der Kommunismus der durch Aufhebung des Privatei-
gentums mit sich vermittelte Humanismus. Erst durch die
Aufhebung dieser Vermittelung - die aber eine notwendige
Voraussetzung ist – wird der positiv von sich selbst begin-
nende, der positive Humanismus.« (Marx: Manuskripte
583)

Marx spricht von Aufhebung. Dazu wurde schon einiges zu
Beginn des Vortrages gesagt. Ich wiederhole eine zentra-
le Aussage: Es muß beachtet werden, daß trotz Aufhebung
im Sinne von Verwerfen immer noch ein „Rest" erhalten
bleibt. Denn es gelten die »Grundgesetze der Dialektik«:

»Erstens: [das] Gesetz vom Umschlagen quantitativer Veränderungen in qualitative und umgekehrt, das die Entwicklung nicht als einfache Veränderung, als *Evolution*
fasst, sondern die Einheit von Quantität und Qualität, von
Evolution und Revolution, von Kontinuität und Diskonti-
nuität in der Entwicklung betont;

zweitens: [das] Gesetz von der Einheit und dem „Kampf"
der Gegensätze, demzufolge die Triebkraft jeder Bewegung

und Entwicklung die den Dingen und Prozessen innewohnenden dialektischen Widersprüche sind, die Bewegung also als Selbstbewegung verstanden werden muss;

drittens: [das] Gesetz der Negation der Negation, nach dem die Entwicklung eine Höherentwicklung ist, keine einfache Vernichtung des Alten, sondern ein Prozess, in dem die Negation wiederum negiert wird, in dem frühere Stadien überwunden werden, aber gleichzeitig ihre positiven und entwicklungsfähigen Seiten erhalten bleiben.« (Kosing 146)

Gerade aus dem dritten Gesetz folgt, daß selbst bei einer Aufhebung der Religion ihre „guten Reste" erhalten bleiben. Nur: Welche sind das?

Faust wird von Gretchen gefragt: »Nun sag, wie hast du's mit der Religion?
Du bist ein herzlich guter Mann, allein ich glaub, du hältst nicht viel davon.« (Goethe: Faust, Vers 3415 ff.) Das ist die sogenannte „Gretchenfrage".

Sind wir als Freidenker, Atheisten oder Agnostiker der Meinung, daß Religion, egal ob die christliche, jüdische oder mohammedanische, „positive und entwicklungsfähige"

Seiten hat, die in einer säkularen Gesellschaft im Sinne der Aufhebung als „Bewahren" erhalten blieben?

Ernst Bloch gibt am Ende von *Atheismus im Christentum* seine Antwort. Es ist nicht notwendigerweise auch meine, auch wenn ich damit meine Ausführungen beende:

»Der echte Marxismus nimmt [...] das echte Christentum ernst, und nicht ein bloßer Dialog trägt dazu bei, bei dem die Standpunkte am liebsten abgemattet und kompromißlerisch gemacht werden, vielmehr: wenn christlich die Emanzipation der Mühseligen und Beladenen wirklich noch gemeint ist, wenn marxistisch die Tiefe des Reichs der Freiheit wirklich substanziierender Inhalt des revolutionären Bewußtseins bleibt und wird, dann wird die Allianz zwischen Revolution und Christentum in den Bauernkriegen nicht die letzte gewesen sein – diesmal mit Erfolg. Auf dem Schwert Florian Geyers, des großen Kämpfers in dem Bauernkrieg, soll eingeritzt gewesen sein: nulla crux, nulla corona; das wären auch die Stichworte eines sich endlich unentfremdeten Christentums, und das noch weiterhin dringende, so unausgeschöpft Emazipatorische darin gibt ebenso das Stichwort eines seiner tiefen Dimensionen einmal bewußt gewordenen Marxismus. Vivant sequentes;

es vereinigen sich dann Marxismus und Traum des Unbedingten im gleichen Gang und Feldzugsplan. Das nicht mehr entfremdete Humanum, das Ahnbare, noch Ungefundene seiner möglichen Welt, beides steht unabdingbar im Experiment Zukunft, Experiment Welt.« (AC 353 f.)

Nachwort
Engels' Kritik an Ludwig Feuerbach

Engels formuliert in seinem Werk „Ludwig Feuerbach und der Ausgang der Ausgang der klassischen deutschen Philosophie": »Der wirkliche Idealismus Feuerbachs tritt zutage, sobald wir auf seine Religionsphilosophie und Ethik kommen. Er will die Religion keineswegs abschaffen, er will sie vollenden. Die Philosophie selbst soll aufgehn in Religion.« Als „Zeugen" dafür zitiert er den dänischen Philosophen und Soziologen, Carl Nicolai Starcke (1858 bis1926), der formulierte: „Die Perioden der Menschheit unterscheiden sich nur durch religiöse Veränderungen. Nur da geht eine geschichtliche Bewegung auf den Grund ein, wo sie auf das Herz des Menschen eingeht. Das Herz ist nicht eine Form der Religion, so daß sie auch im Herzen sein sollte; es ist das Wesen der Religion."« (MEW 21, 283)

Weiter schreibt Engels: »Der Idealismus besteht [...] bei Feuerbach darin, daß er die auf gegenseitiger Neigung beruhenden Verhältnisse der Menschen zueinander, Geschlechtsliebe, Freundschaft, Mitleid, Aufopferung usw., nicht einfach als das gelten läßt, was sie ohne Rückerinnerung an eine, auch für ihn der Vergangenheit angehörige, besondre Religion aus sich selbst sind, sondern behauptet, sie kämen erst zu ihrer vollen Geltung, sobald man ihnen eine höhere Weihe gibt durch den Namen Religion. Die Hauptsache für ihn ist nicht, daß diese rein menschlichen Beziehungen existieren, sondern daß sie als die neue, wahre Religion aufgefaßt werden. Sie sollen für voll gelten, erst wenn sie religiös abgestempelt sind. Religion kommt her von religare und heißt ursprünglich Verbindung. Also ist jede Verbindung zweier Menschen eine Religion.« (MEW 21, 284)

Zudem kritisiert Engels, daß Feuerbach nur das Christentum »ernstlich untersucht« habe, »das Christentum, die Weltreligion des Abendlands, die auf dem Monotheismus gegründet ist. Er weist nach, daß der christliche Gott nur der phantastische Reflex, das Spiegelbild des Menschen ist. Nun aber ist dieser Gott selbst das Produkt eines langwierigen Abstraktionsprozesses, die konzentrierte Quintessenz der früheren vielen Stammes- und Nationalgötter. Und dementsprechend ist auch der Mensch, dessen Abbild jener Gott ist, nicht ein wirklicher Mensch, sondern ebenfalls die Quintessenz der vielen wirklichen Menschen, der abstrakte Mensch, also selbst wieder ein Gedankenbild.« (MEW 21, 285 f.)

Engels wird noch deutlicher: »Aber die Liebe! - Ja, die Liebe ist überall und immer der Zaubergott, der bei Feuerbach über alle Schwierigkeiten des praktischen Lebens hinweghelfen soll - und das in einer Gesellschaft, die in Klassen mit diametral entgegengesetzten Interessen gespalten ist. Damit ist denn der letzte Rest ihres revolutionären Charakters aus der Philosophie verschwunden, und es bleibt nur die alte Leier: Liebet euch untereinander, fallt euch in die Arme ohne Unterschied des Geschlechts und des Standes - allgemeiner Versöhnungsdusel! Kurz und gut. Es geht der Feuerbachschen Moraltheorie wie allen ihren Vorgängerinnen. Sie ist auf alle Zeiten, alle Völker, alle Zustände zugeschnitten, und eben deswegen ist sie nie und nirgends anwendbar und bleibt der wirklichen Welt gegenüber ebenso ohnmächtig wie Kants kategorischer Imperativ. In Wirklichkeit hat jede Klasse, sogar jede Berufsart ihre eigne Moral und bricht auch diese, wo sie es ungestraft tun kann, und die Liebe, die alles einen soll, kommt zu Tag in Kriegen, Streitigkeiten, Prozessen, häuslichem Krakeel, Ehescheidung und möglichster Ausbeutung der einen durch die andern.

Literatur:

BLOCH, Ernst: Atheismus im Christentum. Zur Religion des Exodus und des Reichs, Frankfurt/M. 1985.

ders.: Experimentum Mundi. Frage, Kategorien des Herausbringens, Praxis, 1. Aufl., Frankfurt/M. 1985.

ENGELS, Friedrich: Ludwig Feuerbach und der Ausgang der klassischen deutschen Philosophie, in MARX, Karl/ ders., Friedrich: Werke Band 21 (MEW 21), 15. Aufl., Berlin-Ost 1984, S. 259 – 307.

FEUERBACH, Ludwig: Grundsätze der Philosophie der Zukunft. Kritische Ausgabe mit Einleitung und Anmerkungen von Gerhart Schmidt, 3. Aufl. Frankfurt/M. 1983.

ders.: Das Wesen des Christentums. 3. Aufl., Stuttgart 1969 (zitiert als „WCh").

KOSING, Alfred: Marxistisches Wörterbuch der Philosophie, Berlin 2015. LENIN, Wladimir Iljitsch: Sozialismus und Religion, in: ders.: Über die Religion, 1. Aufl., Berlin-Ost 1956 (S. 6 – 12).

ders.: An A. M. Gorki, in: Über die Religion, a.a.O., S. 52 – 55.

MARX, Karl: Zur Kritik der Hegelschen Rechtsphilosophie, in: ders. / ENGELS, Friedrich: Werke Band 1 (MEW 1), 15. Aufl., Berlin-Ost 1988, S. 201 – 333. ders.: Ökonomisch-philosophische Manuskripte (1844), in: ders./ENGELS, Friedrich: Werke Band 40 (MEW 40), 2. Aufl., Berlin 1990, S. 465 – 588.

ders.: http://www.ddrgeschichte.de/GESELLSCHAFT/Kirche/Religionsauffassung/_Karl _Marx-_Quellen /_ karl_marx-_quellen.html (Soziale Prinzipien).

STEGMAIER, Werner (Mitarbeit: FRANK, Hartwig): Ludwig Feuerbach: Das Wesen des Christentums, in: ders.: Interpretationen. Hauptwerke der Philosophie. Von Kant bis Nietzsche, Stuttgart 1997, S. 304 – 324.

Literatur zu „Die Voraussetzungen":

Rudolf Haym: Hegel und seine Zeit, Berlin 1857, Nachdruck Hildesheim 1962,
364, zit. nach Franz Wiedmann: Georg Wilhelm Friedrich Hegel,
17. Aufl., Reinbek 1993, 77 f. und 336
Ernst Bloch: Neuzeitliche Philosophie II: Deutscher Idealismus /
Die Philosophie des 19. Jahrhunderts. Leipziger Vorlesungen zur
Geschichte der Philosophie 1950 - 1956, Band 4, bearb. v. Eberhard
Braun (Deutscher Idealismus) u. Hanna Gekle (Die Philosophie des
19. Jahrhunderts), Frankfurt am Main 1985, 423.
Ludwig Feuerbach: Fragmente zur Charakteristik meines philoso-
phischen curriculum vitae, in: ders., Gesammelte Werke X, hg. v.
Werner Schuffenhauer, Berlin 1971, 178.

aus Goethe: Faust I

Margarete
Nun sag, wie hast du's mit der Religion?
Du bist ein herzlich guter Mann,
Allein ich glaub, du hältst nicht viel davon.
Faust
Laß das, mein Kind! Du fühlst, ich bin dir gut;
Für meine Lieben ließ' ich Leib und Blut,
Will niemand sein Gefühl und seine Kirche rauben.
Margarete
Das ist nicht recht, man muß dran glauben.
Faust
Muß man?
Margarete
Ach! wenn ich etwas auf dich könnte!
Du ehrst auch nicht die heil'gen Sakramente.
Faust
Ich ehre sie.
Margarete
Doch ohne Verlangen.
Zur Messe, zur Beichte bist du lange nicht gegangen.
Glaubst du an Gott?

Faust

Mein Liebchen, wer darf sagen:

Ich glaub an Gott?

Magst Priester oder Weise fragen,

Und ihre Antwort scheint nur Spott

Über den Frager zu sein.

Margarete

So glaubst du nicht?

Faust

Mißhör mich nicht, du holdes Angesicht!

Wer darf ihn nennen?

Und wer bekennen:

»Ich glaub ihn!«?

Wer empfinden,

Und sich unterwinden

Zu sagen: »Ich glaub ihn nicht!«?

Der Allumfasser,

Der Allerhalter,

Faßt und erhält er nicht

Dich, mich, sich selbst?

Wölbt sich der Himmel nicht da droben?

Liegt die Erde nicht hier unten fest?

Und steigen freundlich blickend

Ewige Sterne nicht herauf?

Schau ich nicht Aug in Auge dir,
Und drängt nicht alles
Nach Haupt und Herzen dir,
Und webt in ewigem Geheimnis
Unsichtbar sichtbar neben dir?
Erfüll davon dein Herz, so groß es ist,
Und wenn du ganz in dem Gefühle selig bist, Nenn es dann,
wie du willst,
Nenn's Glück! Herz! Liebe! Gott
Ich habe keinen Namen
Dafür! Gefühl ist alles;
Name ist Schall und Rauch,
Umnebelnd Himmelsglut.

Margarete

Das ist alles recht schön und gut;
Ungefähr sagt das der Pfarrer auch,
Nur mit ein bißchen andern Worten.

Faust

Es sagen's allerorten
Alle Herzen unter dem himmlischen Tage,
Jedes in seiner Sprache;
Warum nicht ich in der meinen?

Margarete
Wenn man's so hört, möcht's leidlich scheinen,
Steht aber doch immer schief darum;
Denn du hast kein Christentum.

»Ich möchte Ihnen vorführen, wie es geht, wenn die Schlacht bei Marathon mechanisch-materialistisch beschrieben wird. Da gibt es zunächst einmal das, was was in den Köpfen der Perser und der Griechen oder vielmehr der persischen herrschenden Schicht und der griechischen herrschenden Schicht vorgeht. Es handelt sich aber selbstverständlich nicht, wie die späteren Historiker sagten, um einen Kampf der griechischen Kultur, der griechischen Demokratie gegen die persische Despotie. Das ist alles Wischiwaschi, das ist sinnlos. Es handelt sich bei der Schlacht von Marathon um kämpfende Heere, die sich herumschlagen und gar keine Zeit haben, an Ideologien zu denken. Und wenn ich sie nun weiter analysiere, so sind es auch gar keine Griechen und keine Perser, sondern es sind Körper, die bestimmte Kampfhandlungen ausführen. Und wenn ich es weiter analysiere, komme ich auf Muskelbewegungen. Bei der Muskelbewegung ist schon nicht mehr recht zu ersehen, was vor sich geht, ob Sport, ob eine Schlacht, ob ein Liebesakt oder ob Herren eine Zigarette rauchen. Werden

auch die Muskelbewegungen aufgelöst, kommen wir auf Milchsäure, damit sind wir schon beim Anorganischen. Und am Schluß haben wir, es abkürzend, einen Tanz von Atomen. In dem bloß physikalischen Materialismus ist die ganze Welt der Geschichte und die ganze Welt der menschlichen Angelegenheiten verabschiedet, weggezaubert, weggeblasen, als wäre sie nie gewesen.«
Ernst Bloch: Neuzeitliche Philosophie II: Deutscher Idealismus. Die Philosophie des 19. Jahrhunderts. Leipziger Vorlesungen zu Geschichte der Philosophie, Band 4, 1. Aufl., Frankfurt/M. 1985. (Seite 429)

»Die Vorstellung, welche der Mensch von Gott hat, entspricht der, welche er von sich selbst, von seiner Freiheit hat.«
Hegel: Vorlesungen über die Geschichte der Religion

Freidenker-Texte

Herausgeber:
Freidenkerinnen & Freidenker Ulm/Neu-Ulm e.V.

Freidenker-Texte 1
Kapitalismus als Religion
Überlegungen zu einem Fragment
Walter Benjamins
6,90 Euro
Walter Schmid

Freidenker-Texte 2
Fritz Lamm - ein unermüdlicher
und unbequemer Streiter
Naturfreund -
Freidenker -
Marxist
6,50 Euro
Heinz Kopp

Freidenker-Texte 3
Der Antichrist Nietzsche(s)
6,20 Euro
Walter Schmid